रज़ा पुस्तक माला

# विचरण

## नवज्योति सिंह से संवाद

रज़ा फ़ाउण्डेशन | THE RAZA FOUNDATION

# विचरण

## नवज्योति सिंह से संवाद

उदयन वाजपेयी

राजकमल प्रकाशन

**रज़ा पुस्तक माला : संवाद**
प्रधान सम्पादक : अशोक वाजपेयी | सम्पादक : पीयूष दईया
राजकमल प्रकाशन प्रा.लि. और रज़ा फ़ाउण्डेशन का सह-प्रकाशन

ISBN : 978-93-87462-10-6

**मूल्य :** ₹299



**पहला संस्करण :** 2018

**प्रकाशक :** राजकमल प्रकाशन प्रा. लि.
1-बी, नेताजी सुभाष मार्ग, दरियागंज
नई दिल्ली-110 002
**शाखाएँ :** अशोक राजपथ, साइंस कॉलेज के सामने, पटना-800 006
पहली मंजिल, दरबारी बिल्डिंग, महात्मा गांधी मार्ग, इलाहाबाद-211 001
36 ए, शेक्सपियर सरणी, कोलकाता-700 017

वेबसाइट : www.rajkamalprakashan.com
ई-मेल : info@rajkamalprakashan.com

**मुद्रक :** यश प्रिंटोग्राफिक्स
नोएडा-201301 (उत्तर प्रदेश)

VICHARAN : *Navjyoti Singh Se Samwad*
*(Conversation with Navjyoti Singh) by* Udayan Vajpeyi

धरमपाल जी के लिए

# आमुख

कलाओं में भारतीय आधुनिकता के एक मूर्धन्य सैयद हैदर रज़ा एक अथक और अनोखे चित्रकार तो थे ही उनकी अन्य कलाओं में भी गहरी दिलचस्पी थी। विशेषतः कविता और विचार में। वे हिन्दी को अपनी मातृभाषा मानते थे और हालाँकि उनका फ्रेंच और अँग्रेज़ी का ज्ञान और उन पर अधिकार गहरा था, वे, फ्रांस में साठ वर्ष बिताने के बाद भी, हिन्दी में रमे रहे। यह आकस्मिक नहीं है कि अपने कला-जीवन के उत्तरार्द्ध में उनके सभी चित्रों के शीर्षक हिन्दी में होते थे। वे संसार के श्रेष्ठ चित्रकारों में, २०-२१वीं सदियों में, शायद अकेले हैं जिन्होंने अपने सौ से अधिक चित्रों में देवनागरी में संस्कृत, हिन्दी और उर्दू कविता में पंक्तियाँ अंकित कीं। बरसों तक मैं जब उनके साथ कुछ समय पेरिस में बिताने जाता था तो उनके इसरार पर अपने साथ नवप्रकाशित हिन्दी कविता की पुस्तकें ले जाता था : उनके पुस्तक-संग्रह में, जो अब दिल्ली स्थित रज़ा अभिलेखागार का एक हिस्सा है, हिन्दी कविता का एक बड़ा संग्रह शामिल था।

रज़ा की एक चिन्ता यह भी थी कि हिन्दी में कई विषयों में अच्छी पुस्तकों की कमी है। विशेषतः कलाओं और विचार आदि को लेकर। वे चाहते थे कि हमें कुछ पहल करना चाहिये। २०१६ में साढ़े चौरानवे वर्ष की आयु में उनकी मृत्यु के बाद रज़ा फ़ाउण्डेशन ने उनकी इच्छा का सम्मान करते हुए हिन्दी में कुछ नये क़िस्म की पुस्तकें प्रकाशित करने की पहल *रज़ा पुस्तक माला* के रूप में की है, जिनमें कुछ अप्राप्य पूर्व प्रकाशित पुस्तकों का पुनर्प्रकाशन भी शामिल है। उनमें गांधी, संस्कृति-

चिन्तन, संवाद, भारतीय भाषाओं से विशेषत: कला-चिन्तन के हिन्दी अनुवाद, कविता आदि की पुस्तकें शामिल की जा रही हैं। सभी पुस्तकों पर रज़ा साहब और उनके समकालीन मित्र चित्रकारों आदि की प्रतिकृतियाँ आवरणों पर होंगी।

इस समय भारत में और विशेषत: हिन्दी अंचल में परम्परा के अज्ञान और उसकी दुर्व्याख्या भयावह रूप से फैल रही है। इसके बावजूद हमारे पास ऐसे सजग, ज्ञानसम्पन्न चिन्तक हैं जिनकी परम्परा में पैठ हमें अपनी आधुनिकता को नये आलोक में देखने-समझने की उत्तेजना देती रही है। इनमें से एक हैं नवज्योति सिंह जिनसे एक लम्बी बातचीत यहाँ पुस्तकाकार प्रकाशित की जा रही है। वे नये प्रश्न उठाते हैं, नयी जिज्ञासा उकसाते और विचार की नयी राहें खोजने की ओर बढ़ते हैं। हिन्दी वैचारिकी की जो शिथिल स्थिति है उसके सन्दर्भ में यह पुस्तक एक विनम्र इज़ाफ़े की तरह है। उम्मीद है कि यह विचार-विचरण पाठक पसन्द करेंगे।

अशोक वाजपेयी
अगस्त २०१७, नयी दिल्ली

# प्रस्तावना

नवज्योति सिंह देश के विलक्षण दार्शनिक हैं। उन्होंने वैशेषिक दर्शन पर बहुत विस्तार से चिन्तन किया है और इस चिन्तन की रोशनी में विश्व की अन्यान्य दार्शनिक परम्पराओं की विवेचना की है। नवज्योति ने पिछले कुछ वर्षों में कला की सत्ता-मीमांसा जिसे ऑन्टोलॉजी कहा जाता है, पर विशद विचार किया है। वे उन बिरले दार्शनिकों में हैं जिन्होंने कला की भारतीय दृष्टि से बिलकुल नयी और अनोखी दार्शनिक व्याख्या की है। नवज्योति से हुई इस बातचीत में उसकी एक झलक पाठकों को मिल सकेगी पर उस व्याख्या का विस्तृत रूप नवज्योति से मेरी एक अन्य विस्तृत बातचीत में मिल सकेगा। वह बातचीत निकट भविष्य में प्रकाशित होगी।

नवज्योति सिंह ने कानपुर के भारतीय तकनीकी संस्थान (आई.आई.टी.) से बी.टेक और फिर वहीं से एम.टेक किया है। इस दौरान वे और उनके कुछ मित्र भारत की पारम्परिक ज्ञान परम्पराओं के प्रति जिज्ञासु हो गये और उन्होंने उस दिशा में बहुत अध्ययन और मनन किया। इसी के अगले चरण में नवज्योति एवं कई अनेक जिज्ञासु युवा चिन्तक मनीषियों ने पी.पी.एस.टी. (पीपुल्स एण्ड पेट्रियॉटिक साइंस एण्ड टेक्नोलॉजी) के कुछ सम्मेलन भारत के विभिन्न शहरों में आयोजित किये। इन सम्मेलनों में आयोजकों ने भारत के अनेक पारम्परिक विज्ञान दृष्टिसम्पन्न और तकनीकी कौशल से लेस विद्वानों को आमन्त्रित किया और उनसे अपने कौशल और तकनीक के प्रदर्शन का आग्रह किया। इन सम्मेलनों में लोहा ढालनेवाले अगड़ियों से लेकर आयुर्वेद के वैद्यों तक अनेक कौशल और विज्ञान सम्पन्न लोग शामिल हुए। इन सभी सम्मेलनों से नवज्योति अपने

तईं इस निष्कर्ष पर पहुँचे कि भारत में मानवशास्त्र के विभिन्न आयामों का जिस कोटि का विकास हुआ है, उस कोटि का विकास भौतिक विज्ञानों में नहीं हुआ है। साथ ही हमें अपनी दार्शनिक परम्पराओं को विस्तार देने की आवश्यकता है। हम जब तक अपनी दार्शनिक परम्पराओं के भीतर से समकालीन वैज्ञानिक दृष्टियों से संवाद करने की चेष्टा नहीं करेंगे, हम पश्चिम के आधुनिक विज्ञान और टेक्नोलॉजी का हम पर चढ़ा ऋण उतार नहीं सकेंगे। इस चिन्ता के साथ नवज्योति ने वैशेषिक दर्शन पर अपने चिन्तन को गहरायी और विस्तार दिया।

नवज्योति की दार्शनिक चिन्ता के केन्द्र में भारतीय चिन्तन परम्पराओं में लोप हो गयी विधायक शक्ति को दोबारा प्राप्त करने के रास्ते खोजना है। उनकी यह मान्यता है कि आधुनिक काल तक आते-आते भारतीय चिन्तन दृष्टियों में नयी सामाजिक रचना का विधान करने या पुरानी सामाजिक रचना में सृजनात्मक हस्तक्षेप करने की विधायक शक्ति क्षीण होती गयी है। इस शक्ति को, जिसे वे विधायक शक्ति कहते हैं, को दोबारा सक्रिय करने के लिए आधुनिक दार्शनिकों, लेखकों, कलाकारों और सामाजिक चिन्तकों को कई नयी पहलें करनी होंगी। इस व्यापक अर्थ में नवज्योति का चिन्तन, भारत के पारम्परिक चिन्तन को जड़ रूप में स्वीकृति देने के स्थान पर, उसे भीतर से ही पुनर्नवा करने का उसी तरह का एक प्रयास है, जैसा कर्म और विचार के क्षेत्र में स्वतन्त्रता आन्दोलन के दौरान महात्मा गाँधी ने किया था। इस सन्दर्भ में यह याद रखना शायद महत्त्व का हो कि नवज्योति जैसे विचारक आज इसलिए भी अधिक महत्त्वपूर्ण हो उठे हैं क्योंकि आज बड़े व्यापक स्तर पर पारम्परिक दृष्टियों को शाब्दिक या अभिधात्मक बनाने की एक ऐसी कोशिश हो रही है जो पहले कभी नहीं हुई और जिसके परिणामस्वरूप क्षीणशक्ति परम्परा पूरी तरह नष्ट होने की स्थिति में आ जायेगी।

नवज्योति ने इस बातचीत में 'वेद' को जिस तरह व्याख्यायित किया है, वह उनकी विलक्षण प्रतिभा का द्योतक है और इस तरह की कोई दृष्टि, वेद के सन्दर्भ में शायद ही अब तक सामने आयी हो। नवज्योति निरन्तर नवीन होती पारम्परिक अन्तर्दृष्टियों के बीच रहकर पश्चिम की प्रभुत्वशाली चिन्तन परम्पराओं से संवाद करने की आवश्यकता पर ज़ोर देते हैं, स्वयं अपने लेखन में उस संवाद को बहुत हद तक सम्भव करते हैं।

भारतीय संविधान की रचना–प्रक्रिया से लेकर भारतीय पारम्परिक मेधा के संकुचित होने की कई कथाएँ नवज्योति बहुत दिलचस्प ढंग से सुनाते हैं। उनकी समझ यह है कि इन कथाओं पर नाटक किये जाने चाहिए क्योंकि नाटक में वास्तविकता से अधिक वास्तविकता हुआ करती है। वे शायद यह कहते हुए यह कहना चाहते हैं कि वास्तविकता अपने कथा या नाट्य रूपान्तरण में ही अपने सत्य को हमारे लिए उद्घाटित करती है और इस उद्घाटन की प्रक्रिया में ही साहित्य में सौन्दर्य का सृजन हुआ करता है।

हिन्दी के महान कवि कमलेश ने यह बातचीत पढ़कर यह इच्छा प्रकट की थी कि इस बातचीत को केन्द्र में रखकर लेखकों, दार्शनिकों, चिन्तकों आदि की बड़ी संगोष्ठी की जानी चाहिए क्योंकि इस बातचीत में नवज्योति सिंह ने आधुनिक मनुष्य के सामने खड़े अनेक मूलभूत प्रश्नों को बहुत अनोखे ढंग से रूपायित किया है। कमलेश जी के रहते उनकी यह इच्छा पूरी नहीं हो पायी पर 'समास' का यह प्रयास होगा कि इसे जल्दी ही सम्भव किया जाय।

'विचार' शब्द 'चर' से बना है जिसका आशय है 'चलना', 'गतिशील होना'। विचार का अर्थ विशेष तरह का चलन है। मस्तिष्क बल्कि मानस के चलन को वि–चार कहा जाता है। यह किताब कुछ प्रश्नों के जवाब में नवज्योति के मानस का विचरण ही है।

उदयन वाजपेयी

# विचरण

आधुनिक विश्व में पारम्परिक भारतीय दृष्टि की आपको क्या सम्भावनाएँ दिखायी देती हैं? पहली बात तो यह हो सकती है कि आधुनिक विश्व के बीच में हम एक टापू-सा भारतीय पारम्परिक दृष्टि के लिए बना लें। दूसरी यह कि हम आधुनिकता में अपनी शर्तों पर भागीदारी करने का प्रयत्न करें। क्या आप यह दूसरी सम्भावना देखते हैं?

आप जिस दूसरे विकल्प की बात कर रहे हैं, वह सम्भव है। अलग से अपने को एक दायरे में बाँधकर रहने का प्रयत्न करना चिरकालिक नहीं है, ऐसा सिर्फ़ आपात स्थिति में किया जाता है। वैसे भी नीलकण्ठ की तरह बाँधा सिर्फ़ ज़हर जाता है, जीवन नहीं। आपकी दृष्टि का प्रस्ताव सार्वभौमिक होना चाहिए। अगर परम्परा में उपलब्ध विचारों और आचरणों के प्रारूप को आगे भी बने रहना है, तो यह कोई अलग से दायरा बनाकर नहीं हो सकता। जितना व्यापक जीवन है, इस दृष्टि को उतना ही व्यापक होना होगा। आधुनिकता में कई धाराएँ (वंशावलियाँ) हैं, उन धाराओं में से जो हमारी अपनी धारा है, उससे आधुनिकता की दिशा बनती है, पर उस दिशा में इस दृष्टि को पूरी तरह से फैलना चाहिए। इसे हर स्तर पर हो सकना चाहिए : विचार के स्तर पर, जीवन शैली के स्तर पर और आचरण के स्तर पर।

आधुनिकता के बीच भारतीय पारम्परिक दृष्टि की धारा को आप किस रूप में देखते हैं?

वह हममें उपस्थित तो है क्योंकि वह जीवन शैली में है। प्रश्न यह है कि

इस उपस्थिति का भविष्य क्या है? आधुनिकता की स्थिति कुछ भूकम्प जैसी है, जिसमें सारे घर बिखर गये हैं; अब नये घर बनाने हैं। ये जो नये घर बनाने हैं, ये जो नये घर बनेंगे, उन्हें परम्परा की धारा की मदद से बनाना है। यह कार्य आधुनिकता में उपस्थित सभी धाराओं से संवाद करके ही हो सकेगा। आधुनिकता अपना बीज यूनान की दृष्टि में देखती है, इसलिए हमें उसकी समझ होनी चाहिए। हमारे यहाँ शास्त्रों के बीच वाद-विवाद चलता रहता है, पर अब इस वाद-विवाद के दायरे बदल गये हैं। अब यूनान के दार्शनिक विचार भी इन वाद-विवादों के घेरे में आ जाने चाहिए, इससे यह धारा आगे बढ़ सकती है। मैंने एक बार यह लिखा था कि हमारी परम्परा को सभी परम्पराओं की चकाचौंध में खड़ा होना होगा। यह काम अभी होना है क्योंकि आधुनिकता का भूकम्प पश्चिम से आया है। आधुनिकता में जितनी भी चीज़ें घुल-मिल गयी हैं; पारम्परिक दृष्टि को उन सबसे संवाद करना होगा। उन सभी दृष्टियों को समझना होगा, उनकी कमियों और सम्भावनाओं को परखना होगा। परम्परा में उपस्थित नूतनता में इस संवाद का स्थान बन सकता है। अभी तो मुख्य धाराएँ यूनान और आधुनिक यूरोप की हैं, जिनमें विधायक शक्ति है। ये धाराएँ हर जगह की व्यवहारिकी बन रही हैं, उनकी पोशाकों को तय कर रही हैं। उनका रहन-सहन परिवर्तित कर रही हैं। हमारी धारा में विधायक शक्ति का अभाव हो गया है। हमारे यहाँ पूरा वाङ्मय है, जीवन शैली है, पर विधायक शक्ति नहीं है, यह उसमें नया विधान नहीं कर पा रही। इस धारा में विधायक शक्ति कैसे लायी जाय? इसके लिए आवश्यक है कि यह धारा यूनान और आधुनिक यूरोप की दृष्टियों से संवाद करे।

> भारतीय परम्पराओं की विधायक शक्ति का, आपकी दृष्टि में, लोप होना कब और किस सन्दर्भ में शुरू हुआ? मैं यह इसलिए पूछ रहा हूँ क्योंकि इस धारा ने न सिर्फ़ भारत में बल्कि पूर्वी एशिया के बड़े हिस्से में विधायक शक्ति के रूप में कार्य किया है।

इस परम्परा की विधायक शक्ति चीन और पूर्वी एशिया में जापान तक दिखायी देती है, इसकी विधायक शक्ति मध्य एशिया में भी दिखायी देती है। किसी भी धारा की विधायक शक्ति के कमज़ोर होने का यह कारण नहीं है कि उसके भीतर कोई त्रुटि है। कई बार नयी-नयी चीज़ें घट जाती

हैं, जैसे भूकम्प आ गया हो। इस भूकम्प में, यूरोप का रेनेसाँ बड़ी विधायक शक्ति बन गया। इस विधायक शक्ति में अपनी ताक़त थी। उसे रोक पाना सम्भव नहीं हो पाया। दुनिया के जितने भी समाज थे, वे उसके अनुरूप बनने शुरू हो गये। हमारा समाज भी उसके अनुरूप बनना शुरू हो गया। यह तरह–तरह की विधायक शक्तियों के बीच का युद्ध नहीं है। इसमें जो मूल्यवान है, उसे अपनाकर आगे का मार्ग निकालना है। उस विधायक शक्ति की कमज़ोरियों का समाधान यहाँ की पारम्परिक दृष्टियों में दिखना चाहिए। यह बड़ा काम है। कई सौ सालों में हुआ करता है। यूरोप की विधायक शक्ति को बनने में क़रीब चार सौ वर्ष लगे और यह हर जगह दिखायी देने लगी है। हमारे यहाँ जो यह क्षीणता आयी है, वह मुझे शक्ति ही लगती है। जैसे जब कोई भूकम्प आता है, तो बड़े–बूढ़े बच्चों से कहते हैं कि जाओ, जाकर देखो कि क्या हुआ है? इसी तरह हमारे देश से बहुत सारे लोग पश्चिम की ओर गये। कुछ पढ़ने गये, कुछ व्यापार आदि करने। यह याद रहे कि सब स्वविवेक से गये थे। वे किसी भयवश वहाँ नहीं गये। ये अपनी इच्छा से वहीं क्यूँ गये? क्योंकि वहाँ एक धमाका हुआ और उसे समझने यहाँ के लोगों ने मानो अपने बच्चों को भेजा ताकि वे उस धमाके को घरेलू बना सकें; जिससे वे अपना जीवन गुजार सकें। मेरे ख़्याल से भारत में यूरोपीय धमाका सत्रहवीं सदी से ध्यान में आ गया था। बहुत सारे लोग इसे समझने और घरेलू बनाने को आतुर थे। बहुत सारे लोग सत्रहवीं सदी से लेकर आज तक कम से कम मानसिक स्तर पर समझने के लिए प्रवास पर हैं। जो पुरानी व्यवस्थाएँ चल रही थीं; उनके स्थान पर आधुनिक विधान में निर्वासित हो जाना आज तक चल रहा है। ये सब लोग किसी मुसीबत या तंगी के कारण गये हों; ऐसा नहीं है। ये लोग अपनी इच्छा से गये और भेजे गये हैं। इसके पीछे यह विचार रहा हो कि वहाँ से लौटनेवाले ही यहाँ भविष्य का निर्माण करेंगे। वे लोग जो पश्चिम में जाकर उसका धरातल समझ गये हैं, वे परम्परा में नूतनत्व की स्थापना करेंगे। ये वे लौटे हुए लोग होंगे जो पश्चिम को घरेलू बनायेंगे। जिसका अर्थ यह है कि पश्चिम को अपने नज़रिये से बिठाएँगे।

क्या आप यह कह रहे हैं कि ये लोग पश्चिम में जाकर लौटने के बाद या न लौटने के बाद भी अपनी विश्वदृष्टि में पश्चिमी

सभ्यता को बिठाने का प्रयत्न करेंगे, जैसा कि आज हम पश्चिम की विश्वदृष्टि में अवस्थित हैं?

यह कार्य बड़े रूप में चीन में हो रहा है। यहाँ भी होगा। यही काम अफ्रीका में भी हो रहा है। इन सभी ने पश्चिम को अपनी अस्मिता में बिठाने का प्रयत्न किया है।

इसका अर्थ यह हुआ कि आनेवाले समय में हमारे पास स्वयं पश्चिमी सभ्यता की अनेक छवियाँ उपलब्ध हो पाएँगी। आज हमारे पास पश्चिमी सभ्यता की जो छवि है, वह मुख्यतः पश्चिम की दी हुई ही है। आप यह कह रहे हैं कि आज चीन में, अफ्रीका में और भारत में पश्चिमी सभ्यता को अपनी-अपनी दृष्टियों में अन्तरित करने का प्रयास हो रहा है!

मैंने जो नीलकण्ठ का उदाहरण दिया उसे दूसरी तरह से देख सकते हैं। अगर कहीं ज़हर है तो ये मत कहो कि ज़हर ख़राब चीज़ है, उसे पियो और उसे अपने कण्ठ में बाँध लो। पश्चिम की विधायक शक्ति भी कुछ ऐसी ही है। उसमें सर्व हित नहीं है। उसमें ज़हर है, उसे हमें पीना होगा और पीकर उसे कण्ठ में बाँधकर रखना होगा ताकि यह फैले नहीं। इसे ही मैं घरेलूकरण कह रहा हूँ, यही कार्य चल रहा है। पश्चिम तो पिछले दो-तीन सौ सालों में उठ खड़ा हुआ है, पर अब आनेवाले वर्षों में उसे बाँधना है, जैसे शिव ने विष को कण्ठ में बाँधा हुआ है। इस बाँधने से ही शक्ति की विभिन्न परम्पराएँ सक्रिय हो सकेंगी। आज निज की पहचान इस बाँधने में ही है।

आप नीलकण्ठ का जो यह दृष्टान्त प्रस्तुत कर रहे हैं, ऐसा ही कुछ महात्मा गांधी ने पश्चिम से लौटकर 'हिन्द स्वराज' लिखकर किया था। पर चीन में यह अस्मिता को पकड़ने की सम्भावना कैसे बनी?

चीन में भी कई लोगों ने, अन्य जगहों की तरह, अपनी बात की है, वह तमाम राष्ट्रीय आन्दोलनों और आधुनिक राज्य सत्ता निर्माण के भीतर

मुखरित होती रही है। गांधीजी के विचारों में भी यह बात रही है कि हमारी अस्मिता पश्चिम से किस तरह अलग है। यहाँ के कलाकारों में भी यह बात रही है जैसे कि टैगोर में। ऐसा ही चीन में भी रहा है। लेकिन जब नेहरु या चाऊ एन लाई जैसे लोग अपने देशों की आधुनिक राजसत्ता को चलाने में उलझ गये तब यह बात पीछे छूट गयी। यह परम्परा क्षीण कैसे हो गयी ? यह सबको दिखता है। सबसे अन्याय की बात यह है कि श्रेष्ठता और कुशलता को सुनने-समझनेवाला कोई न बचे। इससे बड़ा अन्याय कोई नहीं है। चूँकि परम्परा में श्रेष्ठता को समझने, उसे थामने, उसे आगे चलाने पर किसी ने ध्यान नहीं दिया, परम्परा क्षीण होती चली गयी। परम्परा की क्षीणता का यह दुःख ही आगे कुछ करने की प्रेरणा दे सकता है। इस दुःख के कारण आप यह नहीं कह सकते कि पश्चिम से आयी आधुनिकता से दूर हो जाना है। इस दुःख को देखकर कई लोगों ने ऐसे निष्कर्ष निकाले कि हमें पश्चिम से आयी आधुनिकता से दूर रहना है। यह ज़रूरी नहीं है। जो लोग अपनी श्रेष्ठताओं को थामे रहे, वे इससे दूर हो गये। इसका यह अर्थ नहीं है कि आप अपनी परम्परा को व्यापक करने के लिए उसके मूल को त्याग दें या उसकी एकवाक्यता को छोड़ दें। और इसका यह भी मतलब नहीं है कि आप आधुनिक विधायक शक्ति से संवाद बन्द कर दें। यह समझ यहाँ थी, इसीलिए पश्चिमी सभ्यता को समझने के प्रयास यहाँ सत्रहवीं शती से होने लगे थे। उस समय तो यहाँ से लोगों को पश्चिम में जाने के लिए प्रेरित किया गया था। बाद में गाँव-गाँव से लोगों ने अपने बच्चों को भेजना शुरू कर दिया, शहरों में भी और विदेशों में भी। यह थोड़ी विवादास्पद बात है कि औपनिवेशीकरण स्वागत योग्य है। इसमें बहुत दुःख है और यह दिखता है क्योंकि यहाँ की श्रेष्ठता इस कारण क्षीण हो गयी, संकुचित हो गयी और इससे बड़ा कोई अन्याय नहीं है। औपनिवेशीकरण से जो अन्याय हुआ, वह बहुत बड़ा है। लेकिन यह अन्याय औपनिवेशीकरण के आधारों में ही निहित है। इसका कारण कोई अलग से किया गया षड्यन्त्र नहीं है।

क्या आप यह कहना चाह रहे हैं कि उपनिवेशवाद के भारत में आने के कारण भारतीयों को आधुनिकता को समझने का अवसर मिला ?

अवसर भी और साथ ही उसके आने से यहाँ यह प्रतिज्ञा हो गयी कि हमें इसे समझना है। बहुत सारे लोगों ने यह निश्चय किया कि उन्हें यह काम करना है। इसलिए उपनिवेशवाद की स्थापना के पीछे की जटिलताओं को देखने पर लड़ाइयाँ भी दिखायी देती हैं और मैत्रियाँ भी। यह स्थापना इन सारे तत्त्वों से मिलकर हुई है। ऐसा नहीं है कि वे सिर्फ़ ज़ोर-ज़बरदस्ती से यहाँ काबिज़ हुई हों। दोनों ही तरह की चीज़ें हुई हैं। कई लोग इसके साथ रहे, कई इससे अलग, तभी जाकर यहाँ उपनिवेशवाद स्थापित हो सका। लेकिन कुल मिलाकर, उसमें स्वागत का एक तत्त्व तो था ही।

जिसके पीछे आपके अनुसार यह कारण था कि हम पश्चिम में हुए आधुनिकता के धमाके को समझने की इच्छा रखते थे।

यह इच्छा सत्रहवीं सदी में यहाँ बैठ गयी थी। यहीं नहीं चीन में भी यह इच्छा बैठ गयी कि भारत में क्या हुआ कपिलवस्तु में या राजगिरी में? यह इच्छा इस सारे इलाक़े में बैठी थी, चीन में, जापान, थाईलैण्ड, कोरिया और वियतनाम आदि देशों में। यह जिज्ञासा जो किसी भी शास्त्र के मूल में होती है, इस सन्दर्भ में भी उतनी ही शुद्ध थी। एक बड़ी अच्छी कहानी है। बनारस में मीमांसा के पण्डित थे, पट्टाभिराम शास्त्री। उनका घर दशाश्वमेध घाट से कुछ हटकर था। उनके घर तक आकर सड़क मुड़ गयी थी। उनके घर की बनावट कुछ ऐसी थी कि सामने से आधुनिक सड़क आती थी और एक ओर दरवाज़े से टकरा कर मुड़ जाती थी। दरवाज़ा बैठक में खुलता था और उसमें एक और छोटा-सा कमरा था। उस कमरे में एक खिड़की थी, जिससे सड़क आती दिखती थी और बायें मुड़ जाती थी। उस मोड़ से पहले एक तीन मंज़िल इमारत थी। खिड़की के पास एक तख़त लगी थी। तखत के ऊपर एक चौकी रखी रहती थी। वहीं कहीं स्याही की दवात, क़लम और एकाध पोथी रखी रहती थी। उस खाट पर पट्टाभिराम शास्त्री बैठते थे, सोते थे। मैं उनसे मिलने गया था, तब वे नब्बे वर्ष के आसपास के थे। यह तीन मंज़िला इमारत शास्त्री जी की पाठशाला हुआ करती थी, जिसे कांची के परमाचार्य की आज्ञा से काशी के सेठों ने मीमांसा अध्ययन के लिए बनवाया था। संस्कृत की सारी नौकरशाही उसी पाठशाला से निकली है। एक तरफ़ इनका घर था और बाजू में उनकी पाठशाला, जिसमें छात्र रहते भी थे। कुछ वरिष्ठ विद्यार्थियों ने शास्त्री जी

से कहा कि अब इस पाठशाला में चालीस–पचास विद्यार्थी हैं; आप तो वरिष्ठ विद्यार्थियों को पढ़ाइये, वे पाठशाला में अन्य विद्यार्थियों को पढ़ा दिया करेंगे। अब आपकी उम्र भी हो गयी है। इस तरह वरिष्ठ विद्यार्थियों ने पढ़ाना शुरू कर दिया और वे ख़ुद शास्त्री जी के घर आकर उनसे पोथियाँ आदि पढ़ते थे। जब शास्त्री जी का परिवार बढ़ा, उनके परिजनों ने उनसे कहा कि आप अपने अध्यापन की जगह तय कर लीजिए ताकि परिजनों को कठिनाई न हो क्योंकि परिवार बढ़ रहा है, बच्चों की शादियाँ हो गयी हैं; उनके बच्चे हो गये हैं। शास्त्री जी ने इसे स्वीकार कर लिया और इस तरह उनकी जगह और संकुचित होती चली गयी। थोड़े समय बाद बच्चों के भी बच्चे हो गये। परिवार और बढ़ गया और संकुचन का यह सिलसिला चलता गया। वे कुछ ख़ास विद्यार्थियों से ही मिला करते थे। जब मैं उनसे मिला वे एक बहुत छोटे-से खिड़की वाले कमरे में थे, जिसमें एक तखत ही आ सकता था। उन्होंने मुझसे कहा कि आसपास कोई मूढ़ा ढूँढ़कर बैठ जाओ। वे मुझसे बोले कि अब मेरे पास तुम्हारे जैसा कोई भूला–भटका ही आता है। जब मैं वहाँ बैठा था, उसी समय उनके बच्चों के बच्चे वहाँ आकर खेलते रहे और वे बच्चे भी खाट पर चढ़ आते थे, इस तरह उस खाट का आधा हिस्सा बच्चों का हो गया। पट्टाभिराम शास्त्री खाट के बचे हुए हिस्से पर कुछ क़लम, पोथियाँ और चौकी लिए बैठे रहते थे, साथ में चादर और तकिया। उनका बस इतना ही बच रहा था, बाक़ी सब चला गया था। यह पाण्डित्य के संकुचन का दृष्टान्त है। इस संकुचन में बहुत बड़ा अन्याय दिखता है। इसका कारण यह है कि आधुनिक विधान का दायरा बढ़ रहा है। जो पारम्परिक पाठशालाएँ थीं, वे स्कूल बन गये हैं। तिरुपति में संस्कृत का विश्वविद्यालय है, उसका पुस्तकालय पट्टाभिराम शास्त्री के नाम पर है, ये वे ही पट्टाभिराम शास्त्री हैं; जिनके स्थान का ऐसा संकुचन हुआ था। उनके शिष्य मण्डन मिश्र ने यह विश्वविद्यालय बनवाया है। पारम्परिक पाठशालाओं और आधुनिक संस्थानों से निकले संस्कृत अध्येताओं के बीच पारस्परिक घर्षण है। कलकत्ता के प्रेसिडेंसी महाविद्यालय की बड़ी दिलचस्प कहानी है। नवदीप में कई पाठशालाएँ थीं; वहाँ टोल हुआ करते थे। टोल में चार पण्डित होते थे और उनके नीचे कुछ छात्र। उन टोलों में इतिहास पुराण पढ़ाते थे, दर्शन, न्याय और व्याकरण आदि। स्यालदा से नवदीप की ओर जायँ तो मूलाजोड़ पड़ता है, वहाँ मैंने एक बहुत सुन्दर टोल देखी थी। वह टैगोर परिवार की

थी। नदिया ज़िले के नवदीप में ऐसे सैकड़ों टोल हुआ करते थे; वहीं रघुनाथ न्याय शिरोमणि भी हुए हैं। वहाँ छात्र देश के अनेक क्षेत्रों से आते थे। अँग्रेज़ों ने भारत आकर जब राजस्व का सर्वेक्षण किया, उन्होंने पाया कि राजस्व के स्रोतों को ही रजवाड़े इन लोगों को दे दिया करते थे। उन्होंने यह व्यवस्था कर रखी थी कि जिस पाठशाला के लिए जितने इलाक़े का राजस्व उपयुक्त होगा, वह उसे दे दिया जाता था। अँग्रेज़ शासकों ने यह तय किया कि राजस्व तो हम एकत्र करेंगे और उसका एक हिस्सा इन टोलों को देंगे। अँग्रेज़ यह परिवर्तन लाये पूरी आर्थिक व्यवस्था में। यह अठारहवीं सदी में हुआ और बंगाल के अकाल का सम्बन्ध इसी से है। यहाँ यह व्यवस्था थी कि मान लीजिए कोई गाँव असम में था, वहाँ के लोग अपने राजस्व का एक हिस्सा किसी विशेष टोल को भेज देते थे। उस टोल में असम के छात्र पढ़ते थे और इस तरह टोल सक्रिय रहते थे। तरह-तरह के टोलों को अलग-अलग जगहों से राजस्व प्राप्त होता था। जब अँग्रेज़ों ने राजस्व को इकट्ठा करने की केन्द्रीयकृत व्यवस्था कर दी, हज़ारों छात्रों ने उनसे अपील की कि हमारी अध्येतावृत्ति को हमें दिया जाय। अध्येतावृत्ति का अर्थ था कि छात्रों को टोल में खाने-पीने-पहनने आदि की वस्तुएँ दी जाती थीं। जब अँग्रेज़ सरकार ने इन अपीलों पर विचार और सर्वेक्षण के लिए एक व्यक्ति को नियुक्त किया, उसने कहा कि छात्रों की अध्येतावृत्ति को संचालित करने का काम किराने की दुकानवाले किया करेंगे। छात्र लोग उनकी दुकानों पर जाते थे और अपने लिए राशन ले आते थे। उनको कुछ पैसा भी मिल जाता था और वे आराम से रहते थे। इन चीज़ों की छानबीन करनेवाले व्यक्ति ने अँग्रेज़ सरकार से कहा कि यह सच है कि छात्रों को अध्येतावृत्ति दी जाती है और सरकार को उसे जारी रखना चाहिए। नवदीप से चालीस किलोमीटर दूर एक स्थान है, तिरहूत, वहाँ अरबी और फारसी की शिक्षा मिलती थी। वहाँ भी अध्येतावृत्ति का प्रावधान था। उसके पास मुर्शीदाबाद का इलाका सुल्तानों का था। अँग्रेज़ों ने यह निर्णय लिया कि वे राजस्व का कुछ अंश छात्रों को संस्कृत अध्ययन के लिए देंगे, पर उन्हें यह अध्येतावृत्ति नवदीप में नहीं, कलकत्ता में देंगे। इस तरह कलकत्ता में एक संस्कृत महाविद्यालय खोला गया जिसमें संस्कृत के पण्डित जाने के लिए तैयार नहीं थे। वे क्यूँ जाते? उनकी एक व्यवस्था बनी हुई थी। वहाँ जानेवाले पण्डित को बुरा माना जाता था। यह माना जाता था कि वह अँग्रेज़ों का चापलूस है। अँग्रेज़ों ने

इस तरह छात्रों की अध्येतावृत्ति को कलकत्ता के महाविद्यालय में डाल दिया। यह स्थानान्तरण आज तक दिखता है। एक तरफ़ संस्कृत विश्वविद्यालय बने, दूसरी तरफ़ पण्डित लोग रहे। यह जो तीन मंज़िली संरचनाएँ बनीं, उनमें पण्डित तो चलनेवाले नहीं थे। इस तरह पाण्डित्य का संकुचन हुआ है। इसी संकुचन की नींव के ऊपर गांधीजी एवं अन्य लोग आये हैं। इस तरह श्रेष्ठता के साथ अन्याय हुआ है। यह न्याय आज भी है। अगर कोई किसान बहुत अच्छी तरह कपास उगा रहा है, तो उसकी इस श्रेष्ठता को पहचाननेवाला कोई नहीं है। हो सकता है उसके पास पानी न पहुँचे। उस तक खाना न पहुँचे, और उस परिस्थिति में वह आत्महत्या कर ले। यह अन्याय ही तो है। हर अन्याय के विषय में यह विचार किया जाता है कि यह अन्याय है भी या नहीं ? इसीलिए उसकी जाँच की जाती है। यह जाँच महत्त्व की है। बिना इसके रोने-धोने का कोई अर्थ नहीं है। मातम मनाने की राजनीति में कोई दम नहीं है। दूसरी ओर चमक-धमक को ही आधुनिकता की पूरी सृष्टि मान लेना अर्थहीन है। आधुनिकता में नये-नये विधान आते हैं और पुराने छोड़ दिये जाते हैं। इसी क्रम में टोलों से हटकर महाविद्यालय बनने के क़रीब दो सौ साल बाद भारत सरकार ने एक टोल प्रमोशन योजना चलायी, जिसके तहत हर टोल को चालीस रुपया महीने का प्रावधान किया। यह अभी तक चलता है। अब आधुनिक ढंग के संस्थानों में संस्कृत वाङ्मय की रक्षा का कार्य चला करता है, पर यह कमज़ोर परम्परा है। जो सबल परम्परा थी, उसका संकुचन हो गया है।

> मेरा प्रश्न फिर से यही है कि आज भारत की भूमि और काल को यह पारम्परिक विवेक दोबारा कैसे आयत्त कर पायेगा ? मैं वापसी की बात नहीं कर रहा, अब पहले जैसा नहीं हो सकता, यह मैं भी जानता हूँ और आप भी। इसे पुनरायत्त करने की क्या युक्तियाँ रही हैं या हो सकती हैं ?

आधुनिक राजसत्ता भी इस दिशा में कार्य कर रही है, पर यह कार्य बहुत ही कमज़ोर है। मैं समझता हूँ कि हमें इस नये परिप्रेक्ष्य में चिन्तन-मनन की गहन प्रक्रिया से गुज़रकर परम्परा का नूतनत्व खोजना चाहिए। इस कार्य के लिए तीस वर्ष पहले हम लोगों ने सोचा कि पश्चिमी आधुनिकता का सीधा-सीधा सामना किया जाय : बैल को उसके सींगों से पकड़ने का

प्रयत्न किया जाय। हमें लगा कि इसका सबसे सशक्त सींग विज्ञान है। उसी से नयी-नयी टेक्नोलॉजी और नयी जीवन शैलियाँ आ रही हैं। पश्चिम की सबसे सशक्त विधायक शक्ति विज्ञान और टेक्नोलॉजी से आ रही है। प्रश्न यह बनता है कि विज्ञान, टेक्नोलॉजी और परम्परा का क्या सम्बन्ध बनता है। हमारी यह समझ बनी कि विज्ञान और टेक्नालॉजी कोई निरपेक्ष चीज़ें नहीं हैं, ये भी सामाजिक हैं। इनमें भी संस्कृति है। ये भी संस्कारों में डूबी हुई हैं। हमने विचार किया कि महत्त्वपूर्ण काम विज्ञान और टेक्नोलॉजी को घरेलू बनाने का है। इस प्रक्रिया के दो बिन्दु हैं; पहला यह कि ये संस्कारनिष्ठ हों; हमारी परम्परा के जो संस्कार आ रहे हैं; विज्ञान और टेक्नोलॉजी हमारे संस्कारों से बँधे हों। और दूसरा यह कि इससे जुड़ा जो उपनिवेशवादी आभिजात्य है, वह उससे मुक्त हो। वह लोकव्यापी हो। कोई भी ज्ञान हो, वह सभी के पास हो सके, यह लोकव्यापीकरण है। इसके लिए हम कुछ लोगों ने एक संस्था बनायी थी पी.पी.एस.टी. (पेट्रियॉटिक एण्ड पीपल ओरिएंटेड साइंस एण्ड टेक्नोलॉजी)। हमारे यहाँ पेट्रियॉटिक का अर्थ राष्ट्र से सम्बद्ध न होकर संस्कारनिष्ठता है। लोकव्यापीकरण का अर्थ है कि वही ज्ञान उचित है जो लोक में व्यापक हो पाये। इसमें बहुत सारे प्रश्न उठ खड़े होते हैं; विज्ञान और टेक्नोलॉजी मूल्य निरपेक्ष हैं या नहीं? संस्कारनिष्ठता का क्या अर्थ है? ये प्रश्न आज तक चल रहे हैं। लेकिन इस संस्था की यह भंगिमा अवश्य थी कि इन्हें परम्परा में उपलब्ध संस्कारों से सम्बद्ध होना चाहिए। इन्हें हमारे उन संस्कारों से घिरा होना चाहिए।

> इसका आशय यह हुआ कि विज्ञान और टेक्नोलॉजी भले ही आधुनिकता में विकसित हुए हों, पर वे हमारे संस्कारों में डूब जायँ।

फिर भले ही विज्ञान और टेक्नालॉजी बदल क्यूँ न जायँ। यह विज्ञान आदि को घरेलू बनाना होगा। इसके कई अर्थ निकल गये। संस्कारनिष्ठ गणित अलग होगी और यहाँ जो पढ़ाई जा रही है, वह अलग। हम सब इन मुद्दों से जूझे। दूसरी बात यह आयी कि शास्त्रों में विज्ञान और टेक्नोलॉजी से जुड़ी क्या बातें हैं? इसमें आयुर्वेद आ जाता है, गणित, व्याकरण आदि की परम्पराएँ। तो हम व्याकरण गणितकरण का शास्त्र और न्याय और अन्य

तर्क शास्त्र और मन के शास्त्र को ले आये। ये चारों यानी मैथेमेटिक्स, लिंग्विस्टिक्स, लॉजिक और कॉगनीटिव साइंस हमारी परम्परा में हैं। शास्त्रों में बहुत मिलते हैं। ये परम्परा में हैं पर इनका मॉडर्न मैथेमेटिक्स, मॉडर्न लॉजिक आदि से क्या सम्बन्ध है? यह काम १९८८ में शुरू हुआ था। यह परियोजना दस-बारह संस्थाओं में चला करती थी। यह खुली परियोजना थी। इसमें यह नहीं था कि इसे तीन साल या पाँच साल में पूरा करना है। इन कामों में तीसियों बरस लग जाते हैं। इसके साथ ही विज्ञान और टेक्नोलॉजी से जुड़ी अपनी परम्पराओं का एक आधुनिक मंच भी तैयार किया गया : कांग्रेस ऑफ़ ट्रेडीशनल साइंस एण्ड टेक्नोलॉजी। पहली कांग्रेस मुम्बई आई.आई.टी. में हुई। ऐसी पाँच कांग्रेस अलग-अलग जगहों पर हुईं। इसकी अपनी कहानी है। इससे यह हुआ कि मॉडर्न लॉजिक और पारम्परिक तर्कशास्त्र में फ़र्क़ की समझ बन गयी। इन दोनों के दार्शनिक आधारों में बहुत बुनियादी अन्तर है। लेकिन इनकी नियति क्या होगी, यह बात अभी भी अस्पष्ट है। यह अभी स्पष्ट नहीं है कि इस फ़र्क़ का भविष्य क्या है। इन फ़र्क़ों के आधार पर तो समूची सभ्यताएँ बन जाया करती हैं। इस काम को करने में शताब्दियाँ लग जाती हैं। हम यह समझ गये कि आज के तर्क-वितर्क और गणित आदि की विधायक शक्ति और हमारी अपनी तर्क पद्धतियों के बीच अन्तर क्या है। पर, प्रश्न यह है कि हमारी तर्क पद्धतियों में विधायक शक्ति कैसे आये? यह आगे का काम है। दूसरी तरफ़ संस्कारनिष्ठता पर विचार किया। जैसे श्रीनिवास रामानुजन के पास पारम्परिक गणितीय तर्क और संस्कार थे। इसी से जुड़ा हुआ लोकव्यापीकरण का प्रश्न है। कारीगरों आदि के जीवन में तरह-तरह के विधान उपस्थित हैं, तरह-तरह की पारम्परिक तकनीकें हैं। उदाहरण के लिए औषधि ज्ञान का बहुत लोकव्यापीकरण है। परम्परा की इस लोकव्यापी शक्ति को भी प्रकट करने की आवश्यकता है, इसके लिए हमने पारम्परिक विज्ञान और तकनीकि का मंच बनाया। इन दोनों ही कामों की कई कहानियाँ हैं, अब तीस साल पुरानी इन बातों को कहानियाँ ही कहना होगा। जब हमने मुम्बई में इस तरह के सम्मेलन का मंच तैयार किया, उसमें सब आना चाहते थे। उसका उद्घाटन प्रधानमन्त्री पी.वी. नरसिंहाराव करना चाहते थे। पर हमें यह स्वीकार नहीं हुआ। उस सम्मेलन में चार सौ आलेख, दो-ढाई सौ प्रदर्शन हुए। जैसे अगड़ियों के लोहा बनाने की पद्धति का प्रदर्शन हुआ। पाँच-सात अगड़िया आये और उन्होंने लोहे के

अयस्क से लोहा बनाया। उस सम्मेलन के सन्दर्भ में यह आक्षेप आया कि आप लोग परम्परा के नाम पर बात कर रहे हैं, पर इस सम्मेलन में पारम्परिक लोग नहीं हैं। ये कहा गया कि इस पूरी कांग्रेस (सम्मेलन) में जो दो–ढाई हज़ार लोग आये हैं, वे परम्परा के कन्धे पर रखकर बन्दूक चलानेवाले लोग हैं। पर इनमें पारम्परिक लोग कहाँ हैं? उस कांग्रेस में जो लोग आये थे, उन्होंने परम्परा के आधार पर अनेक कार्य किये। कई ने जैविक खाद तैयार करने का रास्ता लिया, कई ने जैविक खेती की आदि–आदि। उस कांग्रेस में, जैसे अनेक मन्त्रालय होते हैं, वैसे ही कई विभाग थे : जन व्यवस्थापन, स्वास्थ्य व्यवस्थापन, सिंचाई आदि। इसके विषय में सभी लोग यह बता रहे थे कि हमारे यहाँ चीज़ें ऐसे हुआ करती थीं। इस पर भी यह आक्षेप आया कि इन सब व्यवस्थाओं से आधुनिक लोग तो अपना काम निकाल लेंगे, पर पारम्परिक लोगों का क्या होगा? उन लोगों की भलाई के लिए इस कांग्रेस से क्या निकल रहा है? हमें लगा कि यह आक्षेप उचित है, इसके लिए कुछ किया जाना चाहिए। हमने अगली कांग्रेस के लिए विभिन्न कलाओं में संलग्न लोगों के संगठनों से सम्पर्क किया। उदाहरण के लिए धनवन्तरियों के संगठनों से, विश्वकर्मा संगठनों से, पद्मशाली संगठनों से, प्रजापति संगठनों से। हमने चैन्नई में हुई इस दूसरी कांग्रेस के लिए इन संगठनों से दो साल तक सम्पर्क किया। इस तरह हमने प्रजापतियों, स्थपतियों आदि को कांग्रेस में बुलाने का प्रयत्न किया। ये सारे लोग चैन्नई कांग्रेस में आये। इनके आने से एक नयी बात निकली, वह भी एक आक्षेप था। यह कहा गया कि इन कारीगरों के संगठन कारीगरी की श्रेष्ठता की बातें अवश्य करते हैं लेकिन इनकी अपने पेशों के प्रति कोई प्रतिबद्धता नहीं है। इनके नेतृत्व से 'मैरिज ब्यूरो' जैसी चीज़ें खुली हुई हैं। इनका मुद्दा यह है कि इनका कोई प्रतिनिधि संसद में नहीं है या इनके सम्प्रदाय को आरक्षण मिलना चाहिए या इनके लोग बैंकों के संचालक मण्डल में होना चाहिए। ये लोग इस बात से चिन्तित थे कि सार्वजनिक क्षेत्रों में इनकी उपस्थिति कम है। यह बात सच भी थी। इसका कारण यह था कि कारीगर लोग बिखरे हुए हैं और इसीलिए इनका कोई नुमाइंदा संसद आदि जगहों में नहीं है। इसका अपवाद ज्ञानी जेल सिंह थे। वे तर्खान थे। ये लोग लकड़ी का काम करनेवाले एक तरह के विश्वकर्मा हैं। ये तक्ष से अपना सम्बन्ध जोड़ते हैं। मैंने एक बार कोयम्बटूर में ज्ञानी जेल सिंह की मूर्ति देखी। मैंने सोचा, यह यहाँ कैसे आ गये? बाद में यह

पता लगा कि नयी दिल्ली स्टेशन पर विश्वकर्मा मन्दिर है, जिन लोगों ने नयी दिल्ली स्टेशन बनाया, उन्हें अपना मन्दिर बनाने का भी अवसर दिया गया। इसी तरह अपने समुदाय के सदस्य की प्रतिष्ठा के लिए कोयम्बटूर में ज्ञानी जी की प्रतिमा स्थापित हुई। हमारे देश में कारीगरों की संख्या बहुत है। सन् १९०० तक ये लोग १८ से २४ प्रतिशत थे। आप चाहें तो इन्हें औद्योगिक जन कह सकते हैं या यह भी कह सकते हैं कि ये वे लोग हैं जो न कृषि से संलग्न हैं और न सेवा क्षेत्र में। पर ये कारीगर लोग बिखरे हुए हैं, इनका प्रतिनिधित्व कहीं नहीं है। इसीलिए इनका नेतृत्व तरह-तरह के आरक्षण पाने की कोशिश में लगा था। वे इस बारे में चिन्तित थे कि उनका आदमी संसद में कैसे आये? जेल सिंह इस सबका अपवाद थे इसीलिए विश्वकर्माओं में उनका बहुत नाम था, पूरे देश में उनका नाम था। आन्ध्रप्रदेश के चिराला क्षेत्र से एक जुलाहा सांसद बना था। हम अपनी कांग्रेस के लिए उससे मिले थे। पर अब वह भी नहीं है। जुलाहों की समस्या समझनेवाला कोई नहीं है। जुलाहों को धागे हैंक में चाहिए होते हैं। उनका काम स्पिंडलों से नहीं चलता। जबकि बड़ी मिलों को कपड़ा बनाने के लिए स्पिंडलों में ही धागा चाहिए होता है। इसलिए एक ऐसा क़ानून बना, जिसमें कहा गया कि धागे को इन दोनों रूपों में आधा-आधा उपलब्ध कराया जाय। पर इस क़ानून का कभी पालन नहीं हुआ। धागा स्पिंडलों में ही उपलब्ध होता रहा, इसलिए जुलाहों को कपड़ा बनाने के लिए कच्चा माल उपलब्ध होना सीमित हो गया। जब इनके नेता हमारी कांग्रेस में आये, उन्होंने अपने पेशों में कोई रुचि नहीं ली। उनमें सिर्फ़ सामुदायिक कल्याण की बात होती थी कि शादी-ब्याह ठीक से होना चाहिए और राजनैतिक प्रतिनिधित्व होना चाहिए वग़ैरह। हमने अपनी कांग्रेस में एक ऐसा अनुष्ठान परिकल्पित किया, जिसे विश्वकर्माओं के अपने ब्राह्मण, विश्व ब्राह्मण ने सम्पन्न किया था। इसमें इन लोगों ने तरह-तरह के देवताओं का आह्वान कर यह शपथ ली कि सभी कारीगर समुदाय एक-दूसरे के निकट आ जायँ और साथ ही इन्हें सम्मान मिले। इन दोनों प्रतिज्ञाओं में कठिनाइयाँ थीं। उदाहरण के लिए चर्मकार और विश्वकर्मा साथ आने को तैयार नहीं थे। चैन्नई में भारतीय तकनीकी संस्थान के निकट गांधी मण्डप है। यह स्थान गांधीजी की मृत्यु पर राजगोपालाचार्य की प्रेरणा से वहाँ के स्थपतियों ने बनाया था। लोक निर्माण विभाग और केन्द्रीय लोक निर्माण विभाग आदि के अधिकारियों ने इसका यह कहकर

विरोध किया था कि स्थपतियों को मण्डप बनाने का अवसर नहीं दिया जाना चाहिए क्योंकि इन लोगों के पास उचित योग्यता नहीं है, ये लोग सिर्फ़ मन्दिर आदि बना सकते हैं लेकिन तब भी सी. राजगोपालाचार्य ने एक प्रमुख स्थपति को यह कार्य सौंपा। तब भारत नया-नया स्वतन्त्र हुआ था और यह हो सका था। इस तरह यूनानी एम्फीथियेटर के जैसा बड़ा-सा स्थायी मण्डप तैयार हुआ। हमने अपनी कांग्रेस का शुभारम्भ वहीं से किया और उसके वास्तुपुरुष का आह्वान किया। तब आक्षेप आया था कि हम लोगों की दिलचस्पी इन समुदायों के नेतृत्व की दिलचस्पी से अलग है। इससे यह निष्कर्ष निकला था कि इनका राष्ट्रीय नेतृत्व अपनी श्रेष्ठता को छोड़ चुका है और हमें सीधे कारीगरों से सम्पर्क करना चाहिए। इस कांग्रेस में भी पहली कांग्रेस की तरह ही परम्परा के नाम पर काम करनेवाले दो-ढाई हज़ार लोग आ गये और दो-तीन सौ कारीगर अपने संगठक के साथ भी आये। फिर भी बात वही रही, तब यह तय किया गया कि किसी विशेष अंचल में ऐसी कांग्रेस (सम्मेलन) की जाय और वहाँ के कारीगरों को ही इसमें शामिल किया जाय। इस तरह तीसरी कांग्रेस काशी में की गयी, जिसमें स्थानीय कारीगरी को प्रमुखता दी गयी। वहाँ एक बाज़ार लगाया गया, जिसमें पारम्परिक वस्तुएँ लायी गयीं जो आसपास के इलाक़ों में बनती थीं। प्रश्न यह था कि इनका स्थानीय बाज़ार कैसे बने कि वे चीज़ें वहीं बनकर कैसे वहीं उपयोग में लायी जायँ? इसके पीछे यह विश्वास था कि इस रास्ते इन कार्यों की श्रेष्ठता, प्रमुखता आदि रेखांकित हो सकेंगी। यह कांग्रेस काशी में राजघाट पर गांधी संस्थान में हुई थी। इसमें भी वही दो-ढाई हज़ार लोग आ गये। दिल्ली, मुम्बई, चैन्नई आदि शहरों से। इस कांग्रेस में कई अच्छी बातें भी निकलीं जैसे कि यह बर्फ़ कैसे बनती थी, यह प्रदर्शित किया गया। क़लमें कैसे लगाई जाती थीं? इस कांग्रेस में यह भी बताया गया था कि जानवरों की बीमारी की किस तरह व्यवस्था की जाती थी। पर यह सब अधिकतर आधुनिक क़िस्म के आलेखों में बताया गया। इस कांग्रेस में भी चार सौ शोध पत्र पढ़े गये थे। वहाँ जो बाज़ार लगा, वह भी 'दिल्ली हाट' की तरह ही प्रायोजित था। इस तरह अंचलों में कोई विधायक शक्ति नहीं दिखी, सम्प्रदायों में भी विधायक शक्ति नहीं दिखी। परम्परा से जुड़े ढेरों व्यक्तियों में भी कोई विधायक शक्ति हो, ऐसा नहीं दिखा। फिर यह तय हुआ कि स्थानीय लोगों को आलेख आदि पढ़ने चाहिए। बाहर से यानी दिल्ली, बम्बई से आकर लोग

आलेख न पढ़ें। इस प्रतिज्ञा के साथ ओरछा में चौथी कांग्रेस हुई। इसमें यह तय किया गया कि यहाँ केवल बुन्देलखण्ड के लोग आयेंगे। हमने इसके लिए ओरछा नरेश को पकड़ा और रामलला के मन्दिर में पण्डाल लगाकर यह कांग्रेस की। इसमें भी वही सब हुआ जो बाक़ी जगह हुआ करता था : तीन–चार सौ आलेख, कुछ प्रदर्शन आदि। आलेख वाचकों में सिंचाई विभाग के लोग, विद्यालयों के अध्यापक आदि आधुनिक लोग ही थे, पर वे सब बुन्देलखण्ड के ही थे। वहाँ स्वतन्त्र बुन्देलखण्ड राज्य की माँग उठने लगी। हमने पूरे भारत को सौ–सवा सौ अंचलों में विभाजित कर रखा था। बुन्देलखण्ड उसमें सबसे बड़ा था जिसकी क़रीब तीन करोड़ आबादी थी। हमने उसके नक़्शे भी बनाये थे। ओरछा की उस कांग्रेस में यह प्रश्न उठा कि आप लोग कांग्रेस करके ग़ायब हो जाते हैं। इसके बाद का कार्य उस क्षेत्र में कैसे हो सकेगा? हम लोग कोई भी प्रोजेक्ट नहीं लेते थे। बुन्देलखण्ड में हुई कांग्रेस में शामिल अधिकतर लोगों की दिलचस्पी विज्ञान और टेक्नोलॉजी से ज़्यादा स्वतन्त्र राज्य में हो गयी थी। उस समय समाजवादी विचारक अरुण कुमार ने एक दिलचस्प बात कही थी कि अगर नेहरु देश के प्रधानमन्त्री बनने के स्थान पर इलाहबाद के मेयर बनते, भारत की स्थिति कहीं बेहतर होती। चन्देरी और आसपास के बुनकरों की स्थिति बहुत ख़राब थी। वहाँ पावर लूम्स आ गये थे और इस कारण बुनकरों की स्थिति और बिगड़ गयी थी। ये लगा कि संगठित कारीगरों को पकड़ना चाहिए क्योंकि इनमें अपनी कला में रुचि होगी और इसीलिए हमने अगली पाँचवीं कांग्रेस चिराला आन्ध्र प्रदेश में की। क़रीब सत्तर वर्षों से वहाँ बुनकरों के संगठन हैं। इन संगठनों के सहारे कांग्रेस करने में यह लाभ होगा कि इनकी अपनी दिलचस्पी सामने आ जायेगी। साथ ही इनका संगठित समाज भी दिखायी देगा। पारम्परिक टेक्नोलॉजी के वाहक लोगों का भरोसा भी इस तरह सामने आयेगा। ओरछा कांग्रेस में यह नहीं हो पाया था क्योंकि वहाँ लोग बुन्देलखण्ड को स्वतन्त्र राज्य का दर्जा दिये जाने के विषय में अधिक गम्भीर थे। चिराला कांग्रेस में हमने नक्सलियों के साथ बैठकर उनसे भी इज़ाज़त ली थी। कांग्रेस में गदर भी आया था। उसने वहाँ गाना भी गाया था। कांग्रेस में हमने चार किलोमीटर लम्बा जुलूस भी निकाला था। आन्ध्रप्रदेश में काम करनेवालों को कारुवृत्ति कहा जाता है। वहाँ यह बातें हुईं कि ऐसे सम्मेलनों में विशेष पेशों के जानकार लोगों को सम्मिलित किया जाना चाहिए। वहाँ

मछुआरों और चर्मकारों आदि के समुदाय के नेता भी आये, पर कुछ हुआ नहीं। इन सम्प्रदायों के कुछ लोग रईस हो गये हैं, कुछ विदेश भी चले गये हैं। वहाँ के जुलाहों का संगठन ट्रेड यूनियन जैसा था। तब इनकी समस्याओं का भी पता चला। यह पता चला कि मास्टर वीवर (प्रमुख जुलाहा) बहुत शोषक संस्था है। इस सबमें मुझे यह समझ में आया कि अगर आपको क़ानूनन आर्थिक भूमिका अपनानी है, तो या तो आपको 'सोसायटी' बनानी होगी या ट्रस्ट या कम्पनी। ये तीनों ही क़ानूनी व्यक्ति हैं। एक मानव की तरह आप स्वतन्त्र आर्थिक भूमिका निभा नहीं सकते। एक कारीगर अपने उत्पाद की ज़िम्मेदारी नहीं ले सकता। इसके लिए आपको किसी समूह का सदस्य होना होगा। सभी जुलाहों को सहकारी समूहों में संयोजित किया जाना चाहिए। सभी पारम्परिक कारीगरों को अगर आधुनिक अर्थव्यवस्था में कोई भूमिका निभाने की स्थिति में आना है, तो उन्हें सहकारी संस्थाओं में नियोजित किया जाना चाहिए। उनके संगठनों की एक भीतरी संरचना है, जिसमें 'प्रमुख जुलाहा' है, उनमें अध्यक्ष होते हैं, कुल मिलाकर इन संगठनों की संरचना फ़ैक्ट्री जैसी ही है। यही धीरे-धीरे विकसित हुआ है। अगर आप पोचमपल्ली की बुनाई के क्षेत्र में जायेंगे या मध्यप्रदेश में चन्देरी की बुनाई के क्षेत्र में, आपको यही संरचनाएँ मिलेंगी। इसका कारण यह है कि इनमें काम में आनेवाली कच्ची सामग्री नियन्त्रित है, बैंकों से मिलनेवाले ऋण नियन्त्रित हैं और बाज़ार भी ऐसा ही है। सभी कुछ ऋण पर चलता है, नियन्त्रक लोग जुलाहों को कुछ मात्रा में धागे देते हैं और उनसे अपेक्षा करते हैं कि वे तयशुदा कपड़ा तैयार कर उन्हें वापस कर दें। यह एक प्रकार की उप-अनुबन्ध प्रणाली है। यह आधुनिक शोषणात्मक सम्बन्ध ही है। इस तरह का सम्बन्ध परम्परा में अनुपस्थित था। इस सम्बन्ध में परम्परा के संस्कार नहीं हैं। हमें उस कांग्रेस में ऐसे लोग मिले जो कह रहे थे 'लूम' की सबसे अच्छी बुनावट पारम्परिक है। उसमें इतनी तरह के नियन्त्रक होते हैं कि उसमें अमूमन बहुत परिष्कृत कपड़ा बनकर तैयार होता है। आधुनिक लूमों से ऐसा नहीं होता। इनसे कुछ ही तरह का कपड़ा तैयार हो सकता है। लोकव्यापी संस्कारनिष्ठ मंच तैयार करने की कहानी यहाँ आकर समाप्त हो गयी। लोग थक गये। जो दूसरा कार्य था गणित, तर्क और भाषा विज्ञान आदि में वह आज भी चल रहा है। इसका कारण यह है कि यह कार्य वैचारिक है।

आप लोगों ने विज्ञान और टेक्नोलॉजी सम्मेलन (कांग्रेस) का जो व्यापक प्रयोग किया था, उसके विफल हो जाने के क्या सैद्धान्तिक कारण आपको लगते हैं?

हमें अपने इन प्रयोगों के दौरान यह समझ में आया कि जातियाँ आधुनिक विधान की देन हैं। धर्मपाल जी बताते थे कि जब पंजाब नया-नया बना, वहाँ हुई जनगणना में एक लाख बीस हज़ार जातियों की सूची बनी थी, यह घटना सन् १८७१ से पहले की है। इस समय जब बिहार-बंगाल में जनगणना हुई तो लगभग डेढ़ लाख जातियों के नामों की सूची बनकर तैयार हुई। इस सर्वेक्षण में सर्वेक्षणकर्ताओं ने जातियों के साथ-साथ व्यवसाय भी पूछा था। बाद में अँग्रेज़ों और उनके भारतीय सहयोगियों ने जातियों के नामों को व्यवसायों के साथ जोड़ दिया। मान लीजिए कुछ समुदाय गौ-सेवा से सम्बन्धित हैं। इस कार्य में हो सकता था कि क़रीब २५० जातियाँ लगी हों। पर उन्हें जोड़कर एक बड़ी जाति का नाम दे दिया गया। दरअसल, हमारे यहाँ जाति का अर्थ कुल के अधिक क़रीब था। आज जिसे कुल कहते हैं जो किन्हीं सदस्यों की चिन्ता का क्षेत्र होता है, जिसमें दो सौ या सवा दो सौ से अधिक लोग नहीं आते, उसे जाति कहा जाता था। यह ऐसे लोगों का समुदाय था, जिनके विषय में उस समुदाय के बुज़ुर्ग तरह-तरह की चिन्ताएँ कर सकते थे। उदाहरण के लिए उस समुदाय के दादा या दादी समुदाय के बच्चों या वयस्कों की शिक्षा, विवाह और इसी तरह की अन्य बातों की चिन्ता कर सकते थे। इस चिन्ता का विस्तार दो सौ या सवा दो सौ लोगों से अधिक नहीं होता था। इसी से जुड़े हुए गोत्र होते थे। ये जातियाँ अपने को अलग-अलग नामों से बुलाती थीं। पर जब जनगणना के बाद इन जातियों को विभिन्न व्यवसायों से सम्बद्ध कर दिया गया, तब ये देखा गया कि इन तमाम जातियों में सबसे बड़ी जाति कौन-सी है? तब एक व्यवसाय से जुड़ी सभी जातियों को उसी जाति का नाम दे दिया। जैसे गौ-सेवा से सम्बद्ध सभी जातियों को एक जगह लाने के बाद जब यह देखा गया कि इनमें सबसे बड़ी संख्या में 'यादव' हैं, इन सभी जातियों को यादव नाम से सूचीबद्ध (शिड्यूल्ड) कर दिया गया। यह भारत की समूची जनसंख्या को सरल कोटियों में बाँधने की चेष्टा के कारण हुआ। कह सकते हैं कि भारत में जाति प्रथा यहाँ की जनगणना से उत्पन्न हुई है। जिस तरह 'मेगा डेम' (बड़े बाँध)

बने, वैसे ही मेगा कास्ट (बड़ी जातियाँ) बनीं। इस तरह व्यवसायों के आधार पर क़रीब ४००० जातियों की सूची (शिड्यूल्ड) बनायी गयी। अँग्रेज़ों के समय उसी सूची पर बहुत सारे विवाद उठे थे। किसी ने कहा कि हम तो राजपूत हैं और हम गाय का काम करते हैं, पर हम यादव नहीं हैं। उन जाति सर्वेक्षणों (जनगणना) में इस क़िस्म के सवाल भी पूछे गये कि आपके हाथ का पानी ब्राह्मण पीता है या नहीं? इस तरह आधुनिक भारतीय जाति व्यवस्था कलकत्ता के फोर्ड विलियम में बैठकर तैयार हुई है। यह बात कि यह व्यवस्था बड़ी 'वैज्ञानिक' है और व्यवसायों से जुड़ी है दरअसल, आधुनिक बात है। इस सबमें ब्रिटेन की 'रॉयल सोसायटी ऑफ़ साइंस' ने दिलचस्पी ली थी, उन्होंने सन् १९०१ के सर्वेक्षण के प्रारूप तैयार किये थे। इस तरह की जनगणना, जिसमें जातियों का ज़िक्र होता था, सन् १९३१ तक होती रहीं। उसके बाद स्थिति बिगड़ गयी और यह रुक गयी। सन् १९६१ में जब जनगणना दोबारा हुई, जाति का सन्दर्भ नहीं रहा। इस तरह आधुनिक विधान के अन्तर्गत 'मेगाकास्ट' (महाजातियाँ) अस्तित्व में आयीं और फिर वे राजनैतिक वास्तविकताओं में परिवर्तित हो गयीं। इन्हें सूचीबद्ध (शिड्यूल्ड) किया गया। शिड्यूल्ड कास्ट वग़ैरह इसी तरह उत्पन्न हुईं और फिर वह संविधान का भाग बन गयी। इसे देखने पर हमें कहना होगा कि जिन अनेक चीज़ों को हम पारम्परिक मानते हैं, वे दरअसल, आधुनिकता का परिणाम हैं।

> इसीलिए जब आप लोगों ने जाति के आधार पर जुलाहों आदि को एकत्र किया था, आप लोग आधुनिक कोटियों का उपयोग कर रहे थे...

इस तरह आधुनिक विधान को चुनौती देने के स्थान पर हमारे अधिकांश प्रयास आधुनिकता से ही परिसीमित हो जाते हैं।

> तब फिर आधुनिक विधान को प्रश्नांकित करने का रास्ता क्या हो सकता है?

इन सब कांग्रेसों को करने के बाद यह लगा कि आधुनिक विधान को घरेलू बनाने का काम बड़े स्तर पर किया जाना है और यह सबसे पहले

वैचारिक धरातल पर करना होगा। इस प्रयोग से मुझे भी कुछ सोचने का अवसर मिला। इन कांग्रेसों के कारण हम अनेक जगहों पर गये और हज़ारों लोगों से मिले। मैं भारत और भारत के लोगों का रंग देख सका। पर इसमें मुझे लगा कि हम परम्परा में विज्ञान और टेक्नोलॉजी क्यों खोज रहे हैं, यह एक दोष था। हम यह खोज छोड़कर मानव-शास्त्र की ओर आ गये।

आपकी दृष्टि में वैकल्पिक आधुनिकता की क्या कोई सम्भावना है? अगर है, तो उसका स्वरूप क्या हो सकता है?

आधुनिकता के विकल्प की मान्यता वैचारिक है। यह अभी तक देखने की बात है कि उसकी विधायक शक्ति कितनी है। उसकी वैचारिक सम्भावना तो वैध है पर वह सक्रिय हो सकेगा, यह देखा जाना बाक़ी है। आप गांधी आश्रमों के हाल देखिए। उनकी आज क्या स्थिति है।

उन आश्रमों को पर्यटन स्थल बनाया जा रहा है। सेवाग्राम के साथ यही हो रहा है।

सेवाग्राम से जुड़ी एक कहानी सुनाता हूँ। अधिकतर लोगों के साथ यह हुआ कि वे वैचारिक स्तर पर तो पारम्परिक दृष्टि में जुड़ना चाहते थे, पर उनकी जीवन शैली पश्चिमी ही थी। वैचारिक स्तर पर यह करना एक तरह की बात है, पर कुछ युवाओं ने यह तय किया कि वे सेवाग्राम जाकर खेती करेंगे, अपनी जीवन शैली भी बदलेंगे। ये लोग गांधीजी से प्रेरित थे। ये चाहते थे कि गाँव में रहें और बच्चों को पढ़ाएँ। यह सब हमारी पीढ़ी के लोग नहीं कर सकते थे। वे गाँव में जाकर रहने को तैयार थे। उनमें से कुछ अमरीका रह आये थे। किसी ने कोई गाँव पकड़ लिया और झोपड़ी बनाकर रहने लगे। एक युवक और युवती आधुनिकता को धिक्कार कर हरिजन टालों में १५ साल बैठे रहे, बच्ची बड़ी हो गयी और उसके दबाव में उन्हें चैन्नई जाना पड़ा। ऐसे बहुत लोग थे। कोई कर्नाटक गया, कोई और कहीं। कोई तिब्बती भिक्षु बन गया। उन लोगों ने जीवनशैली के विषय में पहले निर्णय लिया, फिर विकल्प के बारे में सोचा। ये इस तरह के युवक-युवतियाँ थे। ये सेवाग्राम में बसना चाहते थे। उन दिनों

सिद्धराज ढड्ढा सेवाग्राम से सम्बद्ध थे और यवतमाल का ज़िलाधीश भी बेहतर आदमी था। वह भी वर्धा के अफ़सरों से मिलकर इस विचार का समर्थन कर रहा था। हमने कहा कि सेवाग्राम को विश्वविद्यालय बना दो। उसमें इन युवकों को बसा लो। वहाँ सेवाग्राम के पास कई सौ एकड़ ज़मीन है। हमने सिर्फ़ कुछ एकड़ ज़मीन इन युवकों के लिए माँगी, उसका भी मालिकाना अधिकार नहीं माँगा। हमने कहा, वहाँ ये लोग खेती करेंगे और साथ में पढ़ाई-लिखाई और जीवन निर्वाह। यह एक ऐसा विश्वविद्यालय हो सकता था, जिसमें लोग जीवनशैली विषयक निर्णय ले सकते थे और सीखने-सिखाने का कार्य कर सकते थे। ऐसा विश्वविद्यालय बनाने का हमने प्रस्ताव रखा, जहाँ ये युवक बैठ जायँ। दिल्ली के भारतीय तकनीकी संस्थान की एक लड़की भी उस दल की सदस्य थी। वह वहाँ पाँच एकड़ ज़मीन में पूरे वर्धा शहर के कचरे को कम्पोस्ट खाद में बदलने की व्यवस्था कर सकती थी। उसने कहा कि जितना भी वानस्पतिक कचरा मण्डी आदि से आ रहा है, उसे खाद में बदला जायेगा। इस बात से वर्धा के प्रशासक भी ख़ुश थे। इसके लिए आई.आई.टी. मुम्बई की जैविक टेक्नोलॉजी भी तैयार थी। इस विषय पर सेवाग्राम में एक बैठक हुई, जिसमें सिद्धराज ढड्ढा थे, जो राजस्थान बनने के बाद उसके उद्योगमन्त्री रह चुके थे। बैठक में मैं भी था। सदस्यों से मैंने कहा कि इन युवकों ने इस कार्य के लिए अपना समूचा जीवन देने का निश्चय किया है। यह कहा गया कि आप इसके लिए जगह दे दीजिए। उन खेतों पर ठेके पर मज़दूर लगे हुए थे। यह कहा गया कि इनके स्थान पर ये युवक खेती करेंगे और साथ में पढ़ाई-लिखाई करेंगे। ये लोग समझदार हैं, इन्होंने दुनिया देखी है। ये गांधीजी से प्रेरित हैं। इनके माध्यम से यहाँ नवीन विचार-विमर्श हो सकेगा। सिद्धराज आदि लोगों ने निर्णय लिया कि ऐसा नहीं हो सकता। मैंने कहा कि यहाँ इस आश्रम को संरक्षित करने जापानी आ जायेंगे और तब यह एयरकंडिशंड संग्रहालय में तब्दील हो जायेगा। पर वे नहीं माने। तब हमें समझ में आया कि इन सारी जगहों पर किस क़िस्म का नियन्त्रण है। तब यह भी पता चला कि गांधीजी के नाम पर देश में लाखों-करोड़ों की सम्पत्ति है। यहाँ हैदराबाद में भी उनकी लाखों-करोड़ों की सम्पत्ति है। इन्हें कौन नियन्त्रित करता है? हमें यह समझ में आया कि इस नियन्त्रण के भीतर किस तरह की कल्पना सक्रिय है। वे स्वयं सिद्धराज ढड्ढा बैठकों में चरखा चलाया करते थे। इस तरह के प्रतीकात्मक कार्य ही इन

संस्थाओं में बाक़ी हैं। मैं एक कहानी सुनाता हूँ। गांधीजी जब भारत लौटकर आये, उन्होंने यहाँ की स्थिति का अध्ययन किया, उन्होंने पाया कि ब्रितानी अर्थव्यवस्था ने कपड़ा उद्योग को पकड़ रखा है इसलिए यहाँ की बुनकरी डूब रही है। पर कृषि तो भारतीयों के हाथों में है, कपास तो हम लोग ही उगाते हैं, बुनकर भी हम लोग हैं इसलिए कपड़ा भी यहाँ बन सकता है। कपड़ा बनाने की प्रक्रिया में अँग्रेज़ों ने धागा बनाना पकड़ रखा था। वे किसानों से रुई लेकर धागा तैयार कर बुनकरों या मिलों को देते थे। गांधीजी ने सोचा कि अगर हम उनके हाथ से यह कार्य ले लें, ब्रितानी अर्थव्यवस्था गिर सकती है। फिर यह खोज हुई कि यह कैसे किया जाय ? चरखा दृश्य में आया, यह पता लगाया गया कि चरखा कहाँ होता है। कई तरह के चरखे खोजे गये। यह तीन साल की योजना थी, गांधीजी को स्वयं पता नहीं था कि चरखा कैसा होता है। कई चरखे आये। उनमें से कुछ को उन्होंने स्वयं चलाकर देखा। फिर उन्होंने स्त्रियों से आग्रह किया कि वे उसे उठाएँ। फिर यह तय हुआ कि इसे सभी को करना चाहिए। फिर कांग्रेस ने एक अध्यादेश पारित कर दिया कि अगर आपको कांग्रेस पार्टी का सदस्य बनना है तो आपको एक विशेष मात्रा में सूत कातकर देना होगा। उसमें कहा गया कि कुछ सेर सूत देने पर ही आपकी सदस्यता कायम रहेगी। कुछ ने इसे स्वीकारा, कुछ ने नहीं। पर इससे ब्रितानी अर्थव्यवस्था पर कोई विशेष प्रभाव नहीं पड़ा। फिर यह कहा गया कि चरखा साधना है, इससे चित्त दृष्टि होती है। यह भी कहा गया कि इसे राजाओं को भी चलाना चाहिए, रानियों को भी। सभी लोगों को यह चलाना चाहिए। यह सारा प्रयास सन् १९२८ तक चलता रहा। टैगोर ने एक चिट्ठी में लिखा कि चरखे से तो डल (फीका) मानस ही विकसित होता है। गांधीजी ने इसका बहुत सुन्दर जवाब दिया। उन्होंने शुरू में कहा कि मेरे और आपके कथन में कोई अन्तर नहीं है। आप कलाकार हैं, आपके चारों ओर गोपियाँ हैं, आप जो भी काम करते हैं, बड़ा काम होता है। पर मेरा काम आपके काम से अलग है, मेरे पास टूटी-फूटी चीज़ें हैं, चप्पलें हैं, चरखा है, पर मैं इनसे राष्ट्र की रचना कर रहा हूँ। मेरा काम भी ठीक है, आपका भी। चरखा पूरी तरह राजनैतिक हथियार था। ब्रितानी अर्थव्यवस्था को गिराना था चरखे को लेकर। गांधीजी जी चरखे के विषय में इसके पहले तक कुछ जानते नहीं थे, यह राजनीति से निकलकर आया है। गांधीजी ने चिराला में उतरकर जुलाहों से कहा कि आप चरखा चलाओ और धागा भी बनाओ,

सिर्फ़ कपड़ा ही नहीं। अगर आप ऐसा करते हैं तो ब्रितानी अर्थव्यवस्था गिर जायेगी। जुलाहों ने कहा कि आप हमें धागा दिलवा दीजिए फिर हम चरखा चला सकते हैं। तब उनसे यह कहा गया कि आपकी औरतें बुनकरी में चरखा चलाकर धागा बनाएँ। इस पर जुलाहों ने जवाब दिया कि हमारी औरतें बहुत व्यस्त रहती हैं, वे यह नहीं कर पाएँगी। वे हमारा काम करती हैं, उनके बिना हमारी बुनकरी ख़त्म हो जायेगी। तब गांधीजी ने यह वक्तव्य दे दिया कि जुलाहे अपने मुनाफ़े की सोचते हैं। उनमें देश के प्रति बलिदान की भावना नहीं है। उनके यह कहते ही वहाँ तहलका मच गया। उनके लोगों ने जैसे मगनलाल आदि ने कहा कि आपने यह कैसे कह दिया? जुलाहों ने कहा कि बुनकरी करना हमारा व्यवसाय है। अगर हम इसे छोड़ेंगे, हम डूब जायेंगे। आप वह काम किसी और तरह से कराइए। हम अपना काम दूसरों के लिए करते हैं। अगर हम साड़ी बना रहे हैं, तो किसी दूसरे को पहना रहे हैं। सबसे अच्छा काम अपने लिए नहीं, दूसरों के लिए हुआ करता है। गांधीजी का कहना यह था कि आप जो भी काम करो, उससे पहले अपनी आवश्यकता की पूर्ति करो, चूँकि आपकी आवश्यकताएँ कम हैं, बाक़ी का काम दूसरों के हिस्से आयेगा। उनका इस क़िस्म का 'सामी' विचार था। यहाँ दो तरह की विचार भंगिमाओं में टकराव था। माँ पहले बच्चों को खिलाएगी फिर ख़ुद खाएगी। उसी तरह मिस्त्री सबसे बढ़िया घर अपना नहीं, दूसरों का बनाएगा। इसी तरह बुनकर बढ़िया कपड़ा यजमान को बेचेगा। अगर वह सबसे अच्छा कपड़ा ख़ुद पहनने लगा, उसकी कला ख़त्म हो जायेगी, उसका शास्त्र ख़त्म हो जायेगा। पर गांधीजी का कहना था कि पहले अपने लिए करो फिर जो बच जाय उससे दूसरे का। इस विवाद की पृष्ठभूमि में कई लोगों ने गांधीजी पर दबाव डाला। बुनकरों ने उन्हें सलाह दी कि चूँकि आपको लोग नहीं मिल रहे, इसलिए आप कपास लगानेवाले गाँवों में मशीनें लगा लो और वहीं धागा बनाओ। उसके बाद एक प्रतियोगिता आयोजित की गयी, जिसमें ऐसे चरखों के मॉडल्स को आमन्त्रित किया गया, जिनमें कपास के गोले डालने पर धागा बनकर निकलता। यह अन्तर्राष्ट्रीय प्रतियोगिता थी और इसमें श्रेष्ठ चरखे को एक लाख रुपये का पुरस्कार घोषित किया गया। गांधीजी बड़ी मुश्किल से इसके लिए राज़ी हुए। वह शायद दुनिया की पहली टेक्नोलॉजी डिजाइन की प्रतियोगिता थी। सी. राजगोपालचारी इसके मन्त्री बने और गांधीजी अध्यक्ष। उसमें कुछ शर्तें

भी थीं कि एक स्त्री उसमें कुछ ख़ास मात्रा में बिना थके सूत बना पाये और उसकी मरम्मत में कुछ निर्धारित पैसों से अधिक ख़र्च न आये। इस प्रतियोगिता में ये सभी शर्तें रखी गयीं। इसे 'हरिजन' में विज्ञापित किया गया। किसी ने कहा कि ऐसी मशीनें अमरीका में बनी हुई हैं। बहुत सारे डिजाइन आये, पर हरेक में त्रुटि निकाल दी गयी। किसी को भी स्वीकार और पुरस्कृत नहीं किया गया। अगर ऐसी कोई मशीन मिल गयी होती, हिन्दुस्तान का इतिहास कुछ और होता। जैसे अगर नेहरु प्रधानमन्त्री होने के स्थान पर इलाहबाद के मेयर होते तो भारत का इतिहास कुछ दूसरा होता। अगर इस मशीन को बनाने के लिए कुछ अधिक समय दिया गया होता, तो हो सकता था कि गाँव-गाँव में धागे तैयार होने लगते। उससे जुलाहों का समाज भी बना रहता और औद्योगिक भारत भी बनता। तब औद्योगिक भारत की परिकल्पना नहीं थी।

गांधीजी के पास...

हाँ, गांधीजी के पास। इसलिए बड़ी संख्या में कारीगर और पण्डित स्वतन्त्रता आन्दोलन से दूर रहते आये। यह सच है कि पण्डित मदनमोहन मालवीय जैसे पण्डित राष्ट्रीय आन्दोलन में थे, पर उदाहरण के लिए कोई मीमांसक या इस क़िस्म का कोई आचार्य उसमें नहीं था, न ही कोई कारीगर थे। सन् १९४२ तक गांधीजी ने तीन-चार बार खीजकर कपड़ा जलाने का कार्यक्रम बनाया। टैगोर ने उस पर आपत्ति ली। जले कपड़े पर हिन्दुस्तान कैसे खड़ा होगा!

उनका एक पूरा उपन्यास 'घरे बाहिरे' इसी विषय पर आधारित है।

पर सन् १९४२ के बाद यह पूरा देश जले हुए कपड़े पर ही खड़ा है। अगर जले हुए कपड़े पर भारत खड़ा होगा, तो उसका क्या विधान बनेगा?

क्या आप यह कह रहे हैं कि गांधीजी के मन में तमाम विवरणों के साथ पारम्परिक भारत का चित्र नहीं था?

नहीं, वह था। गांधीजी तमाम राजनीति को अपना शरीर मानते थे। अगर कहीं आग लगी है, तो उनके शरीर में किसी स्थान पर दर्द हो जाता था। उनकी यह मान्यता थी। इस सबके बीच वे चाहते थे कि ग्राम स्वराज बने। पर ग्राम स्वराज में एक पेशेवर कारीगर की क्या भूमिका होगी? यह वे निर्धारित नहीं कर पाये क्योंकि उनके नैतिक सिद्धान्त पेशों के नैतिक सिद्धान्तों के विरुद्ध जा रहे थे। आपको काम किसके लिए करना है, वह तो दूसरों के लिए होता है, जजमानों के लिए पर गांधीजी कह रहे थे कि पहले अपने लिए करो। वे कह रहे थे कि पाखाना उठाने का क्यूँ व्यवसायीकरण किया जाय? आप अपना पाखाना ख़ुद साफ़ करें। गांधीजी यह सोचते थे कि इससे पाखाना साफ़ करनेवाले का तिरस्कार रुकेगा। वे इसी तिरस्कार के पीछे चल रहे थे। गांधीजी की आधुनिकता इसी बात में है कि हरिजन का सम्मान इस बात में है कि आप अपना कार्य स्वयं करें और आपकी ज़रूरतें कम हैं इसलिए आप अधिक चीज़ें बनायेंगे, ये जितनी अधिक चीज़ें बनायी जायेंगी, दान के लिए होंगी, आप अपना कार्य ख़ुद कर रहे हैं, इसलिए आपको किसी से कुछ नहीं चाहिए। इस समाज में इस क़िस्म का दान होगा, आप देश के लिए बलिदान देंगे। राष्ट्रीय बलिदानी मानस यहीं से आता है। गांधीजी के मन में साथ रहने की बड़ी प्रतिष्ठा थी, जो उन्होंने अपने घर में देखा था, अपनी माँ में देखा था और उन जैन मुनि में देखा था, जिनके प्रवचन सुनने उनकी माँ जाया करती थीं। यह जो वैष्णव क़िस्म का बन्धन है, बड़ा पारम्परिक है। गांधीजी भक्ति परम्परा से आते हैं। एक तरफ़ ये और दूसरी तरफ़ सामुदायिकता के पश्चिम में तैयार हुए विचार, जो उन्होंने रस्किन आदि की पुस्तकों में पढ़े थे और 'शाकाहारी समूह' आदि का उन पर असर हुआ। यह सामुदायिक रूप से जीवन बिताने का विचार यूरोपीय है, यह कुछ-कुछ मठ में रहने जैसा है। गांधीजी के लिए गाँव ही मठ का रूप ले लेता है। पश्चिम और परम्परा का सशक्त मिश्रण गांधीजी ने बनाया और यह मिश्रण राजनैतिक रूप से अत्यन्त बलशाली था। ऐसा मिश्रण भारत में बन सकता था, पर यह आधुनिक है। यह भारतीय आधुनिकता का रूप है।

पर इस व्यवस्था में पारम्परिक कारीगरों और अध्येताओं का अलगाव अनिवार्य है...

हाँ, यहाँ उनके साथ अन्याय होगा।

क्या यह करने से यह नहीं हुआ कि समाज की बौद्धिक और व्यावहारिक शक्तियों के बीच अलगाव हो गया?

यह उसका परिणाम था, पर ऐसी नीयत नहीं थी। गांधीजी तो यह कह रहे थे कि ग्राम स्वराज हो और उसमें सब शामिल हों। उसमें हथकरघा आदि सब बने और पहले ख़ुद की आवश्यकता की पूर्ति हो, फिर बाहर कुछ भेजा जाय। उन्होंने तो गाँव को इसी तरह परिकल्पित किया और इस परिकल्पना में कारीगर आपके सहयोगी नहीं हैं, आपके सहयोगी पण्डित और अध्येता नहीं हैं।

इसका क्या परिणाम निकला?

यहाँ इन लोगों के साथ अन्याय हुआ, पर तब भी यह दृष्टि आधुनिकता और परम्परा का सम्मिश्रण है और इसी में से रास्ता खुलना है। इसमें एक बात मुझे लगती है, जो गांधीजी को स्वीकार्य होगी, वह यह है कि आप न्याय देने के अधिकार का विकेन्द्रीकरण करें, वह केवल सर्वोच्च न्यायालय या उच्च न्यायालय आदि के पास न रह जाकर गाँव तक पहुँच जायें। इससे शुरू में हो सकता है कुछ हिंसा हो, पर बाद में यह नहीं होगा। अभी सारे विवाद इकट्ठा होते जा रहे हैं, इससे समाज में निष्क्रियता बढ़ रही है। आप अमरीका को देखिए, वहाँ बहुत थोड़े से मुकदमे सर्वोच्च न्यायालय तक पहुँचते हैं। वहाँ ज्यूरी की व्यवस्था है। वह एक तरह की अस्थायी पंचायत है, उसके पास न्याय देने का अधिकार है। यह गांधीजी को स्वीकार्य होता। पर गांधीजी ने कहा नहीं। स्वतन्त्रता आन्दोलन के अधिकतर नेता अँग्रेज़ी ढंग के वकील थे। गांधीजी में भी न्याय की परिकल्पना बहुत केन्द्रीकृत है। न्याय को मुझ पर आकर रुकना चाहिए, यह नहीं कि वह स्थानीय स्तर पर सम्भव हो पाये।

इस केन्द्रीकृत न्याय व्यवस्था का उत्स कहाँ है?

वह रोम से अधिक रेनेसाँ और इनलाइटनमेंट में है। न्याय और अर्थव्यवस्था

का केन्द्रीयकरण वहीं है और इसका भी उत्स रोम से अधिक यूनान में है। यूनान में नागरिकों और अन्यों के बीच विभाजन किया गया। नागरिक नगर की सीमा के भीतर रहते थे और उनकी न्याय व्यवस्था केन्द्रीकृत और लोकतान्त्रिक थी, पर अन्यों की न्याय व्यवस्था यूनानी विमर्श से बाहर थी। प्लेटो के एक इयूथीफ्रो संवाद में यह प्रश्न उठता है कि अन्यों की न्याय व्यवस्था कैसी हो? उन्हें प्रकृति के भरोसे छोड़ दिया। आप कुछ लोगों के प्रयासों को ही समर्थन दे सकते हैं, सभी लोगों के प्रयासों को समर्थन देना सम्भव नहीं। इसी विचार से नगर का जन्म हुआ। कलियुग में यह बात आयी कि हरेक को लेकर यह युग नहीं चलेगा, आप सभी के प्रयत्नों को समर्थन नहीं दे सकते, केवल कुछ विशेष लोगों के साथ ऐसा कर सकते हैं और तब बाक़ी लोग इन प्रयत्नों को पूरा करने की आधार सामग्री में परिवर्तित हो जायेंगे। मतलब वे उन विशेषों के लिए कार्य करेंगे। उदाहरण के लिए नगर का खाना नगर के बाहर से आता है। बाहर के लोग ही उसकी व्यवस्था करें और नगर के लोग दार्शनिक विचार करें, कला का सृजन करें आदि। एक दूसरा विचार यह आया कि शिष्ट व्यक्तियों का बाक़ी लोग दामन थाम लें, उसको छोड़ना नहीं है, ये पैगम्बर वाले लोग हैं। तीसरा विकल्प यह था कि आप शिष्ट लोगों की स्मृतियों को थामे रहें, उसे भ्रष्ट न होने दें, यह सनातन रास्ता है। इन तीनों रास्तों से ही कलियुग में धर्म चलेगा। पहला रास्ता यूनानी नगर का है, दूसरा सामी सभ्यताओं का और तीसरा हमारी सनातनी व्यवस्था। हमारे यहाँ इन्द्र को 'पुरन्दर' कहते हैं, वह नगरों को तोड़ता है, बाँधों को तोड़ता है, पानी को बहने देता है। जैसे वृत्रासुर ने सारा पानी पी लिया था और इससे त्राही-त्राही मच गयी थी, तब इन्द्र ने उसका वध कर पानी को मुक्त किया। सनातनी सभ्यता स्मृति मूलक और असुरों से देवताओं के संघर्ष को लेकर बनी है। यूनानी सभ्यता का आधार नगर है। आजकल दुनिया का नगरीकरण या शहरीकरण हो रहा है, आधुनिकता का विधान शहर है। भारत में भी यही हो रहा है। यहाँ ये प्रश्न है कि कौन-सी ज़मीन बेचना है, किसका विवाह कहाँ होना है, किसे कौन से शिक्षा संस्थान में जाना है, इलाज के लिए किसको कहाँ भेजना है। इन सारी बातों के निर्णय दिल्ली, मुम्बई, कोलकाता, चैन्नई की बैठकों में होते हैं, सारे देश के लिए। यह बात कि भारत गाँव में रहता है और हम कृषि प्रधान देश हैं, एक मिथक है। भारत को कृषि प्रधान कहना एक तरह की निर्मिति थी। भारत चिरकाल से

औद्योगिक देश रहा है। कृषि यहाँ का दूसरे नम्बर का पेशा रहा है। यहाँ बहुत कृषि नहीं थी। हम औद्योगिक और पेशेवर समाज रहे हैं। यहाँ सारे कार्य-कौशल थे, व्यवसाय थे। यह देश कृषि प्रधान औपनिवेशिक होने के बाद बना है।

क्योंकि अँग्रेज़ों ने भारत की कारीगरी को क्षति पहुँचाई है?

सारे कारीगर कृषि पर गिर पड़े। जब सारा राजस्व केन्द्रीकृत हो गया, स्थानीय राजस्व समाप्त हो गया, यजमानी व्यवस्था टूटने लगी और उसके टूटने के साथ ही सारे कारीगर कृषि पर निर्भर हो गये। वही कारीगर लोग आज दलित बने हुए हैं। उस अवधि में हड़पने की जो चालाकी शुरू हुई, वही आज के भ्रष्टाचार का मूल है।

क्या आप सोचते हैं कि इस व्यापक शहरीकरण के फलस्वरूप हमारी पेशेवर होने की सम्भावना दोबारा चरितार्थ हो सकेगी?

हिन्दुस्तान का कारीगर सड़क पर आ गया है। यह आठवें दशक तक हो गया था। जो कोई कारीगर चार सौ, पाँच सौ कमा लेता है, तकनीकि सम्पन्न मानस था, वह सड़क पर आ गया था। उसने गाँव छोड़ दिया था। जो लोग गाँव नहीं छोड़ पाये, जो मिट्टी का काम करते थे, मसलन कुआँ खोदनेवाले आदि वे खेती में चले गये। भारत में खेती कभी भी मुख्य कार्य नहीं रहा। यह तो अधिकतर झल्ले किया करते थे। कृषि प्रधानता इस देश में इसके विनष्ट होने के बाद प्रमुख हुई। यजमानी टूटने पर ऐसा हुआ और फिर अँग्रेज़ों की तैयार की गयी जातिप्रथा जनगणना के कारण अस्तित्व में आयी। उन्हें तो दफ़्तरों में बैठकर तैयार किया गया था। सूचियाँ (शिड्यूल) बनायी गयीं, उससे आज की जाति व्यवस्था स्थापित हो गयी। इस सबमें आधुनिक विधायक शक्ति दिखायी देती है और इससे जुड़ी कहानियों में यह भी दिखायी देता है कि परम्परा इससे किस तरह जूझ रही है। क्या ये नगर अगले हज़ार साल तक चल सकेंगे। इस सवाल पर इन शहरों में परम्पराओं की सम्भावना का भविष्य निहित है। एक और बात ध्यान देने योग्य है कि शहरीकरण का विपरीत कृषि नहीं है। अब तो १२० मंज़िली इमारतों में खेती हो सकती है। न्यूयॉर्क में हो रही है, वहाँ वे जो सब्ज़ियाँ

उगाते हैं, वे अधिक महँगी होती हैं, उनमें कीटनाशक दवाइयाँ नहीं होतीं। हमारे देश के अनेक वनवासियों के यहाँ गाँव को लेकर अनेक कहानियाँ और गीत हैं, जिनमें कहा जाता है कि गाँव में लोग चूटियाँ काटते हैं और चुगलियाँ करते हैं और इससे तंग आकर उन लोगों ने वन में रहना तय किया। वनवासियों ने प्रतिज्ञा करके वन को थामा है। ऐसा नहीं कि विकास के क्रम में वे पीछे छूट गये हों। लोगों ने सजग रूप से जंगल को पकड़ा है। भारत का समाज कृषिप्रधान न होकर सेवा-प्रधान रहा है। यहाँ के अधिकतर लोग सर्विस सेक्टर में रहे हैं। तीस प्रतिशत निर्माण कार्य में संलग्न थे। सारी दुनिया भारत को निर्मिति प्रधान (मेनुफेक्चरिंग) देश के रूप में जानती थी। अब इसे कृषि प्रधान कहा जाने लगा है। क्या होगा जब नगर की सीमाएँ टूट जायेंगी। क्या कुछ लोगों को विशेषज्ञता प्राप्त करने के लिए अन्य लोगों को आधार बनाना आवश्यक है या यह आवश्यक नहीं? एक झाड़ के नीचे बैठकर मनुष्य श्रेष्ठ ज्ञान प्राप्त कर सकता है, अकेला, बिना किसी अधिसंरचना के। दूसरी दृष्टि यह है कि श्रेष्ठता प्राप्त करने के लिए उसे अन्य लोगों को आधार बनाना आवश्यक है। हम सब बहुत-सा काम करते हैं ताकि हमारी संस्थाओं के प्रमुख प्रकाशित हो सकें, यही नगर का विचार है। क्या कोई ऐसी समाज नीति हो सकती है जहाँ बिना लोगों को आधार बनाये, श्रेष्ठता का उत्सव मनाया जा सके। अगर आपको कोई मन्दिर बनाना है या श्राद्ध करना है, कई लोगों को साथ आना ही होगा पर ये सारे इन्फ्रास्ट्रक्चर अस्थायी होंगे। जैसे लम्बे समय तक भारत में सेनाएँ भी अस्थायी थीं, युद्ध के अवसर पर लोग इकट्ठा हो जाते थे। मूलतः बात यह है कि एक अकेला व्यक्ति अपने आप में श्रेष्ठता को प्राप्त कर सकता है।

यह सनातन दृष्टि है।

इसे कुछ लोग आसामाजिक कह रहे हैं, पर ऐसा है नहीं। भविष्य में ऐसी व्यवस्था बनेगी...

यह सम्भावना सनातन दृष्टि के कारण बनेगी।

मुझे इस सन्दर्भ में गन्धार के इलाक़े का अध्ययन बेहद महत्त्वपूर्ण जान

पड़ता है। ऐसा करना एक बड़ी योजना हो सकती है। अफ़गानिस्तान, ईरान, ईराक, तुर्की, यूनान आदि के अध्ययन में ही इस प्रश्न की गुत्थी सुलझेगी। चीन की अभिव्यक्ति के विषय में कुछ स्पष्टतः पता नहीं है। यह पता नहीं चलता कि यह नया उभरता हुआ चीन दुनिया से क्या कहना चाहता है? पश्चिम के बारे में हम जानते हैं कि वह क्या कहना चाह रहा है? भारत के बारे में भी यह सच है पर चीन के विषय में अस्पष्टता है। वह तेज़ी से बढ़ रहा है और यह कहता लग रहा है कि हम आपका लोटा बनायेंगे, आपका फ्रिज, टूथपेस्ट आदि बनायेंगे, ये सब हम देंगे। पर यह 'हम देंगे' की बात तो गांधीवादी है। पर यह तो विश्व को देने लायक कोई सन्देश नहीं है। बात यह है कि आप अपनी कला में क्या कर रहे हैं और अन्य अनुशासनों में विश्व से क्या कह रहे हैं, यह स्पष्ट नहीं हो पाता।

आप यूनान और तुर्की आदि के अध्ययन में दुनिया की गुत्थी की बात क्यों कर रहे हैं?

यूनान का सम्बन्ध गन्धार से है, यह तक्षशिला से सम्बन्धित है। मेरे विचार से जिसे कला कहते हैं, उसका जन्म ही यहाँ हुआ है और कला में ही बिना किसी अधिसंरचना के सृजनात्मकता सम्भव है। आधुनिक विज्ञान में, तकनीक में अधिसंरचना का होना आवश्यक है। ऐसी कलाएँ जो भविष्य के लिए अपने चिह्न छोड़ती हैं जैसे चित्रकला और शिल्प, उनका उद्‌गम स्थल गन्धार अंचल ही है। प्रदर्शनकारी कलाएँ अपने चिह्न नहीं छोड़तीं, वे पीढ़ियों के सहारे चलती हैं। गन्धार संस्कृति सिन्ध और पंजाब तक फैली थी। इस इलाक़े में भी यूनानी भाषा प्रचलित थी। अगर यूनानी को देवनागरी में लिखेंगे, अपनी-सी लगेगी। पंजाबी का 'तरखाण' शब्द और यूनानी का 'टेक्ने' शब्द एक ही जगह से निकले हैं। ये वैदिक शब्द 'तक्ष' से बने हैं। 'तक्ष' का आशय 'टेक्ने' है, जिससे 'टेक्नोलॉजी' शब्द बना है। आजकल तरखाण और टेक्नोलॉजिस्ट के बीच बड़ा अन्तराल आ गया है, अब लोग मानने लगे हैं कि तरखाण मूर्ख होता है, ज्ञानवान तो टेक्नोलॉजिस्ट होता है। पर वैचारिक रूप में असल में ये दोनों एक ही हैं। पर अब इन्हें अलगा दिया गया है। तरखाण को नगर के बाहर कर दिया गया है। वह शहर भ्रमण के लिए आता है हर दिन और लौट जाता है। टेक्नोलॉजिस्ट नगर में रहता है और उसका निजी जीवन सार्वजनिक है

क्योंकि उसकी निजताओं का सार्वजनिक परीक्षण होता है। जबकि तरखाण अपने घर पर क्या करता है, इससे किसी को कुछ लेना-देना नहीं है, उसकी निजता नियमों द्वारा संरक्षित होती है। यह आधुनिक व्यवस्था है। नगरों का यह जो विचार उत्पन्न हुआ जिसके अन्तर्गत नगर-राज्य बने और संविधान की व्यवस्था हुई, ये सब तरफ़ थे, उन्हें कई बार तोड़ा गया है, पर्सी पोलिस को मेसिडोनियायी लोगों, सिकन्दर ने तोड़ा। आज हमें नगर तोड़ने की आवश्यकता है, इसका अर्थ यह नहीं कि उन पर बम गिरा दिये जायँ पर कोई रास्ता खोजना होगा। गन्धार को समझने से ही भविष्य की गुत्थी सुलझेगी।

क्या आप यह कह रहे हैं कि अधिसंरचना पर निर्भर श्रेष्ठता प्राप्त करने की जो व्यवस्था है, अगर वह टूट जाय, नगर टूट जायेंगे।

यूनान का यह विचार था। उस समय एक ऐसा विवाद हुआ था। यूनानी और बौद्धों के बीच गन्धार अंचल में बहस हुई है, उसका कोई प्रमाण नहीं मिलता, पर यह सचमुच हुई है, मुझे इस पर इतना विश्वास है कि मुझे लगता है कि मैं भी उस बहस में शामिल था। उस बहस में यह हुआ कि राजा संघ के अन्दर होगा या उसके बाहर। यूनान ने कहा कि वह संघ के अन्दर होगा, संघ का अर्थ वे लोग हैं जो श्रेष्ठता प्राप्त करने के प्रयास में लगे हैं। संघ का विचार ही नगर का विचार है। अगर राजा संघ के भीतर है तब संविधान अस्तित्व में आ जाता है, नगर-राज्य बनते हैं जैसे आधुनिक भारत में बने हैं। अगर राजा संघ के बाहर है, तब आपको बौद्ध व्यवस्था मिलेगी, जैसी चीन में, कोरिया में, जापान आदि में रही। तिब्बत की स्थिति थोड़ी अलग है, वहाँ राजा सांघिक है। पंजाब में भी स्थिति विचित्र थी। वहाँ मीरी और पीरी को एक करने का विचार आया था। वहाँ के आतंकवाद का यही कारण है। तिब्बत इससे अलग है क्योंकि वहाँ दलाई लामा के अनुसार आतंकवाद उत्पन्न नहीं हो सकता। वहाँ के लोग आत्मदाह करते हैं। एक दिन दलाई लामा टेलीविज़न पर कह रहे थे कि वे आत्मदाह करनेवाले लोगों का कुछ नहीं कर सकते। पर चीन शक्तिशाली है। तिब्बत मीरी और पीरी को जोड़ने में लगा रहा। सिक्खों में भी ऐसा ही था। बौद्धों के मानस में यह विचार बहुत पहले से स्पष्ट था कि राजा को संघ के बाहर होना चाहिए। अशोक ने संघ के बाहर रहकर उसे प्रोत्साहित किया था।

भविष्य की राजसत्ता में केन्द्रीय सत्ता श्रेष्ठता का प्रयास करनेवालों के दायरे से बाहर स्थित होगी। श्रेष्ठता को प्रोत्साहन राज्य सत्ता के बाहर से मिलेगा जैसा कि पहले हुआ करता था और उपनिवेशवाद ने इसे बदल दिया और श्रेष्ठता को आश्रय देने का कार्य राज्य ने अपने ऊपर ले लिया। वह राजस्व के बँटवारे पर आ गया। बौद्ध विचार यह है कि राजस्व के स्रोत के स्थान पर साधारण लोग श्रेष्ठता को आश्रय दें। बौद्ध भिक्षु भिक्षा के लिए जाते थे, यानी यह वह व्यवस्था है जो भिक्षा वृत्ति पर चलती है। नाचने-गानेवाले लोग भिक्षा वृत्ति वाले ही हैं, उन्हें राजसत्ता आश्रय नहीं देती केवल प्रोत्साहन देती है। भिक्षु संघ वाले ही हैं, उन्हें राजसत्ता आश्रय नहीं देती। राजसत्ता संघ के बाहर रहेगी, इस विषय में जो बहस हुई है, उसका प्रमाण नहीं मिलता। कोई इस पर नाटक कर सकता है। मुझे अक्सर लगता है कि नाटक वास्तविकता से अधिक वास्तविक है। अगर उस बहस पर नाटक किया जाय तो वह कहीं अधिक वास्तविक लगेगी। उससे जुड़ी सामग्री मिलती नहीं है, पर अगर बीच-पच्चीस लोग उसमें जुट जायँ तो मिल जायेगी। आधुनिक समय में भी कुछ ऐसे दृष्टान्त हैं जिनमें यह मुद्दा आया है। इसका उदाहरण मैं इन्दिरा गांधी की हत्या की साजिश के मामले की सर्वोच्च न्यायालय द्वारा की गयी विवेचना में देता हूँ। एक लड़का सतवन्त सिंह और एक चालीस वर्षीय बेअन्त सिंह, जो श्रीमती गांधीजी के रक्षक थे, ने उन्हें गोली मार दी। यह कोई छोटी-मोटी बात नहीं थी। यह बहुत बड़ा काण्ड था। उन्हें तो लोग दुर्गा कहते थे। इस साजिश को समझने बहुत लोग लगे, सारी ख़ुफ़िया एजेंसिया वग़ैरह। सतवन्त सिंह इन्दिरा गांधी के घर और दफ़्तर के बीच तैनात हुआ करता था। वहाँ उसने एक बाज को आकर बैठता देखा। इस पर सतवन्त सिंह का ध्यान गया और उसने बेअन्त सिंह से इसका आशय पूछा। बेअन्त सिंह धार्मिक व्यक्ति था, उसे लगा यह गुरु गोविन्द सिंह जी का बाज है और वह हमें कुछ कह रहा है। तब तक ऑपरेशन 'ब्लू स्टार' हो चुका था। बेअन्त सिंह का चाचा था, केहर सिंह। केहर सिंह बेअन्त सिंह को लेकर अमृतसर के हरमन्दर साहब गया था। वहाँ एक अनुष्ठान सम्पन्न कराया, जिसे 'अमृत छकना' कहते हैं। इसमें हरमन्दर साहब की दो-चार पानी की बूँदें मुँह में डाली जाती हैं। इस समय आप यह शपथ लेते हैं कि अब से मैं अपने शरीर की चिन्ता नहीं करूँगा। इस तरह आप अमर हो गये। साजिश यह पायी कि केहर सिंह ने बेअन्त सिंह से यह अनुष्ठान कराया

इसलिए उसने राजसत्ता का एक सम्भावित शत्रु उत्पन्न कर दिया क्योंकि अगर आप अपने शरीर की चिन्ता नहीं करते, आपको दण्ड नहीं दिया जा सकता। सारा दण्ड विधान और पद्धतियाँ यहाँ आकर विफल हो जायेंगी। चूँकि केहर सिंह ने बेअन्त सिंह से यह अनुष्ठान कराया था, वह साजिशकर्ता था, उसने राजसत्ता का एक ऐसा शत्रु सचमुच उत्पन्न कर दिया, जो इन्दिरा गांधीजी का रक्षक था। इसलिए केहर सिंह को फाँसी दी गयी। यह बहुत प्रसिद्ध मुकदमा है। वकीलों ने इसके विरुद्ध यह तर्क दिया था कि अगर न्यायालय ऐसा दृष्टिकोण अपनाएगा कि ऐसी शपथ लेने से राजसत्ता का शत्रु निर्मित होता है, तब आपको देश की बड़ी जनसंख्या को मताधिकार से वंचित करना होगा क्योंकि कई जैन, बौद्ध, इस्लाम, सनातन आदि अनुष्ठानों में ऐसी शपथ ली जाती है। तब वे सभी राजसत्ता के सम्भावित शत्रु हो जायेंगे। उन्होंने कहा, ऐसा करना संविधान के विरुद्ध होगा। दूसरा तर्क यह था कि उसने भले ही यह शपथ ली हो पर वह अपने शरीर की देखभाल तो करता रहा था, साँस लेता रहा था, पानी पीता रहा था, इसलिए इस शपथ को गम्भीरता से नहीं लिया जाना चाहिए। यह महज़ एक धार्मिक अनुष्ठान है और इससे राजसत्ता का शत्रु उत्पन्न नहीं होता। इस क़िस्म के तर्क दिये गये थे पर न्यायालय ने यह कहा कि शरीर का बलिदान नगर-राज्य के विरुद्ध है क्योंकि इस स्थिति में कोई भी राजनैतिक व्यवस्था चल नहीं सकती। तब आप क़ानून को अपने हाथ में ले सकते हैं। इस शपथ के साथ आतंकवाद जुड़ जायेगा। ओसामा बिन लादेन जैसे लोगों ने ऐसी शपथ ली हुई है। ये लोग नागरिक नहीं हैं। इसीलिए आधुनिक व्यवस्था आतंकवादियों को सबसे बड़ा शत्रु मानती है।

> आप संविधान लेखन में नन्दलाल बोस के चित्रों की उपस्थिति के विषय में बात कर रहे थे और साथ ही उनका अभिप्राय भी बता रहे थे। हमें आज की बातचीत उसी से शुरू करनी चाहिए।

संविधान के सभी बाईस अध्यायों की शुरुआत में एक चित्र है। कुछ दो-तीन और चित्र भी हैं। संविधान का पहला लेखन रामपुर के किन्हीं लोगों द्वारा किया गया था। वह हस्तलिखित था। उसके हर पृष्ठ को उन्हीं लोगों ने सजाया था। उन्हीं पृष्ठों पर ये चित्र बने हैं। संविधान की इन्हीं हस्तलिखित प्रतियों के नीचे सभी संविधान निर्माताओं के हस्ताक्षर हैं। लेकिन जब

संविधान मुद्रित हुआ, उसमें ये चित्र नहीं थे। उसमें सिर्फ़ अशोक की लाट के शेर भर चित्रित हैं। वह तो भारतीय संविधान का प्रतीक चिह्न हो गया है। उसे संविधान के हर मुद्रित संस्करण में छापना होता है। बाक़ी चित्र संविधान के मुद्रित संस्करण में प्रकाशित नहीं होते। इसके दो पहलू हैं : पहला यह कि ये चित्र आये कहाँ से हैं और उनकी संविधान में क्या हैसियत है? संविधान में एक-एक शब्द पर बहस हुई होती है। इसलिए संविधान में किसी भी चीज़ का प्रवेश आसान नहीं है। मुझे इन चित्रों के संविधान में आने के पीछे जो कहानी लगती है, वो सुनाता हूँ। जब संविधान सभा बनी, उसके समक्ष जवाहरलाल नेहरु ने एक वस्तुनिष्ठ प्रस्ताव रखा, जिसमें We, the people of india... आदि था, यही बाद में चलकर संविधान की प्रस्तावना बन गयी। इस प्रस्ताव पर जब बातचीत चल रही थी, महात्मा गांधी की मृत्यु हो गयी। यह सबको स्तब्ध करनेवाली घटना थी। इसके बाद उपर्युक्त प्रस्ताव में कई संशोधन लाये गये। किसी ने कहा We, the people of India in the name of God...। वह स्वीकृत नहीं हुआ। संविधान सभा के एक अन्य सदस्य ने एक और संशोधन प्रस्तावित किया, वह था, We, the people of India in the name of father of nation Mahatma Gandhi... इसे लेकर अजीब स्थिति बन गयी। इसे लिया जाय या न लिया जाय। गांधीजी जी की मृत्यु तभी हुई थी और पूरे वातावरण में उनसे जुड़ी स्मृतियाँ थीं। मुझे लगता है कि राजेन्द्र प्रसाद आदि को यह पसन्द नहीं आया होगा। यह अटपटा-सा था भी। तब सचमुच क्या हुआ होगा? कहना कठिन है, पर हम तो उसकी कहानी-सी बना रहे हैं। फिर यह निर्णय हुआ होगा कि संविधान में इसके स्थान पर उनका एक रेखांकन शामिल किया जाय। २२ अध्यायों में ऐसा एक रेखांकन है भी। जिसके नीचे बापू और १२.४.१९३० लिखा है। दरअसल, हुआ यह था कि जब महात्मा गांधी शान्ति निकेतन गये, नन्दलाल बोस को उनकी देखरेख के लिए नियुक्त किया गया था। नन्दलाल बोस ने तब उनका वह प्रसिद्ध रेखांकन बनाया था, जिसमें वे डण्डा लेकर एक पाँव आगे बढ़ा रहे हैं और इसीलिए मुझे लगा कि संविधान सभा में यह बात हुई होगी कि हम महात्मा गांधी का एक रेखांकन संविधान में रखें। गांधीजी को राष्ट्रपिता सुभाषचन्द्र बोस ने कहा था। संविधान में बाईसवाँ रेखांकन सुभाषचन्द्र बोस का है। उस रेखांकन पर अंकित है : Mahatamaji, father of our nation, in this holy war for India's liberation we ask for your blessings and good wishes. ये सुभाषचन्द्र बोस के शब्द हैं। उस समय का वातावरण देखने पर यह समझ में नहीं आता कि सुभाष बाबू का रेखांकन संविधान में कैसे आ गया? इसका सूक्ष्म विवरण संविधान सभा की अन्यान्य उपसमितियों की कार्यवाही पढ़ने से ही पता चलेगा, पर मेरा अन्दाज़ ये है कि नेहरु ने कहा होगा कि जब गांधीजी का रेखांकन संविधान में जा ही रहा है तो सभी अध्यायों की शुरुआत में रेखांकन दिये जा सकते हैं और इसके लिए 'भारत की खोज' को रेखांकित करना चाहिए। ये सारे रेखांकन तीन मूर्ति भवन में बने हैं, नेहरु के दफ़्तर में। वहीं रामपुर के लोग संविधान को हस्तलिपिबद्ध कर रहे थे। वहीं नन्दलाल बोस और उनके तीन-चार छात्रों को यह काम दिया गया था। संविधान में उनके हस्ताक्षर भी हैं। इन रेखांकनों को शामिल करने की बात को संविधान सभा ने हल्के ढंग से मानकर स्वीकृति दे दी होगी। राजेन्द्र बाबू ने संविधान की प्रस्तावना में राष्ट्रपिता का नाम रखनेवाले प्रस्तावक सदस्य को कहा कि अब आप अपना प्रस्ताव वापस ले लीजिए, हम संविधान में गांधीजी का रेखांकन और उसके नीचे उन्हें राष्ट्रपिता कहती हुई इबारत शामिल कर रहे हैं। वह प्रस्ताव वापस ले लिया गया क्योंकि अगर इस प्रस्ताव पर मतदान होता, काफ़ी गड़बड़ हो जाती। नन्दलाल बोस को रेखांकनों के लिए चुनने के पीछे हरिपुरा कांग्रेस थी। हरिपुरा में गांधीजी ने नन्दलाल बोस से कहा कि आप भारत के लोगों को चित्रित करो। नन्दलाल बोस ने ये सारे चित्र पण्डालों पर बनाये। उनकी मदद उनके छात्रों ने की थी। बहुत ख़ूबसूरत चित्र थे। उस सम्मेलन में सुभाष चन्द्र बोस को कांग्रेस का अध्यक्ष बनाया गया था। गांधीजी जी की इच्छा के विरुद्ध। वहाँ से ही नन्दलाल बोस की छवि राष्ट्रीय चित्रकार के जैसी हो गयी थी। इसीलिए जब संविधान में रेखांकनों को शामिल करने का प्रश्न उठा, उन्हें आमन्त्रित किया गया। अगर हम इस घटना पर नाटक लिखेंगे तो हमें नन्दलाल बोस और उनके छात्रों के रेखांकन की मेज़ को तीन मूर्ति भवन में नेहरु की मेज़ के बगल में रखना होगा। वह सब काम बहुत जल्दी में किया जा रहा था। आख़िरी क्षणों में यह कार्य सम्पन्न कर संविधान को संसद में हस्ताक्षरों के लिए ले जाया गया। पर जब संविधान का मुद्रण हुआ, उसमें रेखांकनों को शामिल नहीं किया गया। मैंने लोगों से पूछा, ऐसा क्यों हुआ? कुछ लोगों का कहना था कि शायद मुद्रित करना मुश्किल था, पर यह सच नहीं है। उस समय चीज़ों के रेखांकनों

को हटाया गया था, न्यायपालिका तक को इसके बारे में पता नहीं था। पर तब भी यह मूल प्रश्न उठता है कि इन रेखांकनों की हैसियत क्या है? इसे समझने के दो रास्ते हैं। अगर आप यूनान में संविधान का सिद्धान्त देखें, आप पाएँगे कि वहाँ यह स्वीकार है कि समाज में ऐसे नियम होने चाहिए, जिन्हें मानने पर श्रेष्ठता ख़ुद ब ख़ुद बाहर निकल आयेगी। दूसरी बात ये है कि वहाँ जिम्नोज़ियम के वर्णन में यह आता है कि यह वह स्थान है, जहाँ बच्चा अपने देवताओं को पहचाने यानी वह यह जान ले कि उसे जीवन में क्या करना है? इन्हीं श्रेष्ठजनों के आधार पर संविधान में भी नगर राज्य का चरित्र बनता है। आधुनिक समय में इसी चरित्र को राष्ट्रवाद कहा जाता है। इस तरह संविधान में दोनों ही चीज़ें आनी चाहिए, नागरिकों का चरित्र और शासन पद्धतियाँ या शासन के नियम-कायदे। भारतीय संविधान में शामिल वे रेखांकन भारत का चरित्र हैं। भारतीय संविधान दुनिया का अकेला संविधान है, जहाँ राष्ट्रवाद को चित्रित किया गया है। यहाँ राष्ट्र को विशेषीकृत किया गया है, अन्य संविधानों में राष्ट्र की भौगोलिक सीमाएँ आदि ही इंगित हैं। अन्य संविधानों में राष्ट्र क्या है, परिभाषित करने का कार्य लोगों पर छोड़ दिया जाता है। इन रेखांकनों में हड़प्पा से शुरू होकर वैदिक आश्रमों-शाखाओं से होता हुआ रामायण, महाभारत काल, महावीर बुद्ध आदि को लेते हुए भारतीयों का चरित्र रेखांकित किया गया है। इन रेखांकनों में अकबर भी है। उनकी पृष्ठभूमि में फतेहपुर सीकरी का काम चल रहा है। उसमें गुरु गोविन्दसिंह, टीपू सुल्तान, महारानी लक्ष्मीबाई आदि भी हैं। गांधीजी दो-तीन जगहों पर हैं। उसमें सुभाष चन्द्र बोस भी हैं। आज यह लगता है कि जब यह पता लगा होगा कि उसमें सुभाष चन्द्र बोस भी हैं, तब यह सोचा गया होगा कि ये यहाँ कैसे आ गये? उनको नन्दलाल बाबू लाये होंगे और चूँकि सब काम आनन-फानन में हो रहा था, इसलिए उन्हें हटाया नहीं जा सका होगा। पर इसीलिए उन चित्रों को सज्जात्मक बता कर उन्हें संविधान से ख़ुफ़िया तरह से हटा लिया गया होगा। इन भारतीयों का चरित्र इन रेखांकनों में प्रकट होता है। इन रेखांकनों में नालन्दा है, महाबलिपुरम है, भागीरथी का अवतरण आदि है। नन्दलाल बोस अपने जीवन में अनेक जगहों पर जाते रहे थे। जैसे अजन्ता के कई सारे रेखांकन उन्होंने किये हैं। इन रेखांकनों में एक हर्षवर्धन की राजसभा का भी है। इस राजसभा में मनुष्यों के अलावा हिरण भी खड़े हैं। जैसे संविधान में प्रस्तावना होती है, उसी तरह

इन रेखांकनों की भी हैसियत है। प्रस्तावना को आप प्रश्नांकित नहीं कर सकते, उसी तरह ये रेखांकन हैं। आप प्रस्तावना को संशोधित कर सकते हैं जैसा कि इन्दिरा गांधी ने संसद की सहायता से किया था। एक विवादस्पद निर्णय हुआ था, जिसमें इन रेखांकनों की भूमिका थी। हम उसे देनेवाले न्यायाधीश से भी मिले थे। उन्होंने बाबरी मस्जिद विवाद पर निर्णय दिया था।

क्या ये इलाहाबाद उच्च न्यायालय के न्यायाधीश थे, जो अब सेवानिवृत्त हैं?

जब बाबरी मस्जिद गिरी, न्यायालय में अवकाश चल रहा था। उन दिनों इन्हें न्यायालय में बैठने को कहा गया। इनके सामने यह अभियोग रखा गया कि किन्हीं लोगों ने बाबरी मस्जिद का ढाँचा तो तोड़ दिया है (उस पर कई मुकदमे अलग से चल रहे हैं), पर उन लोगों ने वहाँ एक अस्थायी तम्बू आदि लगाकर ग़ैर क़ानूनी ढाँचा भी खड़ा कर दिया था। उसे हटाने की अपील की गयी थी। वहाँ एक अस्थायी क़िस्म का मन्दिर रामलला को बिठाकर बना दिया गया था। उसे हटाने की अपील की गयी थी। इन न्यायाधीश ने लगभग बीस दिनों में इस पर निर्णय दिया था। इस निर्णय में उन्होंने कहा कि मुझे भारत के संविधान की मूल प्रति देखने का सौभाग्य प्राप्त है। उसके पृष्ठ छः पर श्रीराम का लक्ष्मण के साथ पूर्वी एशियायी शैली में एक ऐसा चित्र है, जिसमें वे उड़ते हुए से रथ पर सीता को लेकर लंका से लौट रहे हैं। इसलिए श्रीराम सांविधानिक चरित्र हैं और संविधान में बने ये रेखांकन संविधान के आदर्श, धर्मनिरपेक्षता और शान्ति आदि की प्रेरणा हैं। यह शासन का दायित्व है कि वह श्रीराम की मूर्ति की सुरक्षा करे। भारत के नागरिकों को यह अधिकार है कि वे उस मूर्ति को देख सकें। दरअसल, वह मूर्ति उस ढाँचे में पहले से थी, ढाँचा टूटने के पहले उसे बाहर निकाल लिया गया था और दोबारा अस्थायी ढाँचे में स्थापित कर दिया गया था। भारत के लोगों को यह अधिकार है कि वे उस मन्दिर में जा सकें। यह सम्भव करने के लिए शासन को चाहिए कि वे इस अस्थायी मन्दिर के चारों ओर की भूमि का राष्ट्रीयकरण कर दें। उसे इसके चारों ओर तीन सीमाएँ बनानी होंगी, सबसे भीतरी सरहद के अन्दर रामलला की मूर्ति होगी। वहाँ सुबह एक पुरोहित पुलिस अधीक्षक के

साथ जायेगा। वह मन्दिर खोलेगा, पूजा करेगा और वापस हो जायेगा। इन न्यायाधीश ने यह पूरी योजना अपने निर्णय में दी। इस निर्णय के आधार पर ०७ जनवरी को शासन ने उस भूमि का राष्ट्रीयकरण कर दिया। यह इसलिए किया ताकि रामलला की मूर्ति की सुरक्षा हो सके। इसके बाद आरोपी सर्वोच्च न्यायालय गये, पर वहाँ यह प्रकरण ही दाख़िल नहीं हुआ। इस निर्णय को फिर, मेरे ख़्याल से, फ़रवरी में कभी, संसद ने भी सर्वसम्मति से स्वीकृति दे दी। अगर आप कांग्रेस पार्टी का घोषणा पत्र देखें, उसमें लिखा होता है कि वे अयोध्या के उस स्थान की स्थिति को वैसा ही बनाये रखेंगे, जैसी वह ०७ जनवरी, १९९३ को थी।

> क्या इन रेखांकनों का उपयोग केवल एक ही न्यायिक निर्णय में हुआ है?

इस फ़ैसले की भी एक कहानी है। ये न्यायाधीश (जिनका हम उल्लेख कर रहे हैं), पहले इलाहाबाद में वकील थे। इलाहाबाद के आनन्द भवन में नेहरु के परिवार के लोग रहे थे। वहाँ एक मुसलमान व्यक्ति रहा करता था, जो कांग्रेस का सदस्य था। उसका कोई मुकदमा इनके पास था। वह व्यक्ति इनको पारिश्रमिक तो नहीं दे पाता था, पर किसी और तरह से इनकी मदद करना चाहता था। उसी ने संविधान की एक मूल प्रति, जो आनन्द भवन में रखी थी, इन्हें दिखायी। इस तरह इन्हें पता लगा कि उस प्रति में रेखांकन हैं। अब तो यह इण्टरनेट पर उपलब्ध है। इसकी एक प्रति ब्रिटेन के पास थी। उसकी फ़ोटो को अमरीकी लाईब्रेरी कांग्रेस ने सार्वजनिक कर दिया।

> आपकी इस कहानी से तो यह बात निकल रही है कि बिना रेखांकनों के जो संविधान प्रकाशित किया गया था, वह अधूरा था।

मैं भी उसे खण्डित संविधान मानता हूँ। उस खण्डित संविधान से न्याय व्यवस्था पर प्रभाव पड़ा है। मैंने अपने कुछ मित्रों से पूछा कि अगर संविधान में इन रेखांकनों का संशोधन किया जाना है, तो वह कैसे होगा? कुछेक का कहना था कि इसमें गौ माता के रेखांकन को शामिल करना चाहिए। एक सुझाव यह आया कि अपने माता-पिता को तमाम तीर्थ को

ले जाते श्रवणकुमार का रेखांकन भी होना चाहिए, इससे भी हमारा राष्ट्रीय चरित्र उद्घाटित होगा। इस तरह की कई बातें सोची जा सकती हैं, जिससे हमारे राष्ट्रीय चरित्र की श्रेष्ठता का रेखांकन हो सके। संविधान के सिद्धान्त में इस तरह एक नया आयाम जुड़ा है कि उसमें शब्द ही काफ़ी नहीं हैं, बल्कि उसमें चित्र भी शामिल हो सकें। यह बात उदाहरण के लिए अमरीका के लिए सही नहीं है। अमरीकी चरित्र को दर्शाने अनेक उपन्यास लिखे गये, कहानियाँ, निबन्ध। पर हमारे यहाँ उसे चित्रांकित भी कर दिया गया है। एक विचित्र बात मैं आपको बताता हूँ कि भारत की स्वतन्त्रता का कोई महान स्मारक नहीं बनाया गया है। इसके बरक्स अगर आप फ्राँसीसी क्रान्ति को देखें, आप पाएँगे कि समूचे पेरिस में वह उत्कीर्ण है, यही कुछ अमरीकी स्वतन्त्रता के साथ भी है, वह वाशिंगटन के हर अंग पर अंकित है। इन दोनों उदाहरणों में उत्कर्ष को प्राप्त हुई भावना का स्मारकों में रूपंकरण किया गया है। अगर आप किसी मेहमान को दिल्ली दिखाते हैं, उसमें कुतुब मीनार आदि के अलावा है क्या दिखाने लायक? वहाँ आधुनिक स्मारक के नाम पर केवल ब्रितानी स्थापत्य है, चाहे वह संसद भवन हो या इण्डिया गेट। आधुनिक स्वतन्त्र भारत का कोई स्मारक नहीं है। आप पूरी दिल्ली का सर्वेक्षण कीजिए, आपको ले देकर दो-तीन आधुनिक चीज़ें मिलेंगी, एक रिज़र्व बैंक के सामने रामकिंकर बैज का रख्खारख्खी (यक्ष-यक्षिणी), दूसरा राष्ट्रपति भवन के पीछे गांधीजी की दाण्डी यात्रा का शिल्प। इसके अलावा वहाँ ऐसा कुछ नहीं है जो कि भारतीय स्वतन्त्रता आन्दोलन में उत्कर्ष प्राप्त दृष्टि का रूपंकरण हो। इसके अलावा आपको लोटस मन्दिर दिखता है और चरित्रहीन आकाशचुम्बी इमारतें। दिल्ली में सारी कारीगरी घरों के फाटकों और ग्रिल्स को बनाने में लगी रही। दिल्ली में अनेक तरह के फाटक घरों के सामने लगे हैं। एक बार इन फाटकों की एक कुंजी मिली, उसमें एक हज़ार क़िस्म के फाटकों का वर्णन है। इसे लोहे में काम करनेवाले लोग ले जाते हैं और फाटक बनाते हैं। इस सबका कारण भी राष्ट्रीय भावना का उत्कर्ष नहीं है। तब वह भावना कहाँ अवस्थित है? आप चाहे संग्रहालय ले लें या मन्त्रालय, सारी की सारी अँग्रेज़ी ढंग की संरचनाएँ हैं।

आपकी दृष्टि में ऐसा क्यूँ है?

हमारे जितने प्राचीन मन्दिर हैं, वे संविधान का स्वरूप हैं। वे अपने अंचल को परिभाषित करते हैं। ये अपने अंचल के चरित्र को, भावनाओं को और उत्कर्ष को रूपंकृत करते हैं। ये उनके स्मारक हैं। वैसा स्वतन्त्र भारत में क्यूँ नहीं हुआ ? इसका एक कारण तो यह है कि भारत की स्वतन्त्रता दुःख में डूबी हुई आयी थी, उसमें शर्म थी, शर्म इसलिए कि लाखों लोग पंजाब और बंगाल में मारे गये थे। इस कारण हमारी रूह काँप गयी। स्वतन्त्रता का उत्सव ठीक से नहीं हो पाया। भारतीय स्वतन्त्रता प्राप्ति में कोई उत्सव था ही नहीं, कहना मोटी बात है। इसे रवि बाबू ने भी यह कहकर रेखांकित किया था कि आप जले हुए कपड़े पर अगर स्वतन्त्रता की नींव रखेंगे तो उत्सव कहाँ से होगा ? बंगाल और पंजाब में तो लोग मारे जा रहे थे और लोग घरों आदि को लूट रहे थे, पर अन्यत्र तो ऐसा नहीं हुआ था। पर वहाँ भी इस उत्कर्ष प्राप्त चेतना की कोई अभिव्यक्ति नहीं हुई। यह इसलिए क्योंकि भारत की स्वतन्त्रता एक पंगु अवसर था, इसने कोई नये मानस की रचना नहीं की। इसलिए अगर भारतीय स्वतन्त्रता की उत्कर्षकामी भावना का कोई स्मारक हो सकता है, तो वह भारत का संविधान है। यह दृश्य-श्रव्य ग्रन्थ है। हमारे देश की नाट्य परम्परा में सबसे बड़ी दृश्य-श्रव्य अभिव्यक्ति ही है। जैसे नृत्य आदि को दृश्य-श्रव्य और मन्दिरों में उत्कीर्ण शिल्पों आदि को दृश्य माना जाता था।

आपके कथनानुसार भारतीय स्वतन्त्रता ने संविधान में अपना स्मारक पाया, पर उसके रेखांकनों को तो त्याग दिया, तब इसे अधूरा स्मारक ही कहा जा सकेगा ?

आधुनिक भारतीयों में शर्म भरी हुई है। शर्म का अर्थ है छुपना और छुपाना। शर्म के दो अर्थ हैं—एक अर्थ शर्मिन्दा होनेवाला है पर यहाँ एक दूसरा अर्थ है, शर्म के सहारे छिपाना।

यह आपके अनुसार विभाजन से आयी है ?

विभाजन उसका एक कारण है। यहाँ यह हुआ कि संविधान के रेखांकनों को मुद्रित नहीं करना है, उन्हें छुपा लेना है। यहाँ अधिकतर काम लुका-छिपी में हुआ करते हैं। हम परम्परा के प्रति शर्मिन्दा हैं। हमारे घरों में खाना

कैसे खाया जाता है? यह तथ्य आपको सार्वजनिक करते हुए शर्म आती है। हमारी माताएँ कैसे कपड़े पहनती हैं? वे लगभग सभी एक ही तरह से कपड़े पहनती हैं, पर फिर भी उनके विषय में एक-दूसरे को बताने में यहाँ के बच्चों को शर्म आती है। हमारे आधुनिक देश की यह एक महत्त्वपूर्ण संघटना है।

इसके और क्या कारण हो सकते हैं?

हमारा स्वतन्त्रता आन्दोलन समावेशी नहीं था, वह सबको लेकर नहीं चला। उसमें कारीगरों और पारम्परिक अध्येताओं यानी पण्डितों का अभाव रहा। यहाँ भी आधुनिकता ने परम्परा को कमज़ोर विचार में अनुकूलित किया। ऐसा ही यूरोप में भी हुआ था। हमारे यहाँ गांधीजी या नेहरु ने परम्परा को कमज़ोर विचार में ही ग्रहण किया। इस कमज़ोर विचार से अन्याय हुआ। इसके फलस्वरूप यहाँ की अध्येतावृत्ति समाप्त हो गयी। यहाँ श्रेष्ठता का सम्मान नहीं है। जिस समाज व्यवस्था में यह विवेक न हो कि किस चीज़ का सम्मान करना है, जिसमें छुपाने के लिए शर्म का उपयोग होता हो, वह कैसे चलेगी? यह विवेक टूट गया है। यह टूटन राष्ट्रीय आन्दोलन से आयी है। इसका दूसरा पक्ष यह है कि आधुनिकता को स्थापित करने के लिए परम्परा का अपमान करो। यह पक्ष राजनैतिक विमर्श में भी आ गया है, अध्येताओं में भी है, विश्वविद्यालयों में भी। यहाँ यह मान्यता है कि आप अपमान करके कुछ बचा सकते हैं। यह कुछ ऐसा ही है कि मैं जिसका ऋणी हूँ, उसी का अपमान करूँ। इसी तरह आधुनिक भारत पश्चिम का ऋणी है, उसकी एक-एक चीज़ का, कपड़ा, चप्पल, कुर्सियाँ, घर आदि सबका ऋणी है। हमारा यह दायित्व बनता है कि इस ऋण को हम चुकाएँ। हमें उन्हें कोई ऐसी चीज़ देनी है, जिससे यह ऋण चुके। वो न करके हम पश्चिम के प्रति गाली-गलौज करते हैं। हमारी यह प्रवृत्ति है। एक और परम्परा का और दूसरी ओर पश्चिम का अपमान करना, ये हमारी कुरीतियाँ हैं। यह शिष्टता का अभाव है। इसलिए शिष्टता पर खड़ी होनेवाली चीज़ हो नहीं पाती। श्रेष्ठता शिष्टता पर खड़ी होती है, वह हो नहीं पाती। इसका कारण सम्भवतः यह है कि इस व्यवस्था में अपनी अस्मिता की पहचान नहीं है।

लेकिन इसकी जड़ें स्वतन्त्रता आन्दोलन के भी पहले से रही होंगी?

इसमें कौन-कौन-सी चीज़ें कहाँ-कहाँ से आयी हैं, इसे जानने बहुत दूर तक जाना होगा। अब कुछ लोग कह रहे हैं कि भारत में मुसलमान आ गये, इससे हम कमज़ोर पड़ गये। पर यह ग़लत बात है। हमारी कर्मठता तो इससे बड़ी ही है। यह ठीक है कि इस आगमन के भीतर कुछ अपमान रहे हैं और उनका निराकरण करना होगा, पर इसका मतलब यह नहीं कि आपकी कर्मठता या कौशल समाप्त हो जायँ। इसका मुसलमानों से कोई सम्बन्ध नहीं है। यहाँ का जो तबका निर्माण या उद्योग कार्य में लगा था, वह क़रीब चौबीस प्रतिशत था, मुसलमानों में यह कहीं अधिक है। यह तो आगे बढ़ना ही हुआ। आपको चीज़ें बनानी हैं, घर सजाना है, रास्ते सजाना हैं, उद्यान बनाने हैं, यह सब नहीं हो पाया। यूरोप में भी यह दृष्टि रही है कि अगर कोई अल्पसंख्यक समुदाय चार प्रतिशत से अधिक होता है तो राष्ट्र अस्थिर हो जाता है। यह यूरोप की व्यावहारिक व्यवस्था है। तमाम प्रवासी नियम और जनसंख्या को रोकने की नीतियाँ इसी पर आधारित हैं। इसीलिए जर्मनी में तुर्की अल्पसंख्यक चार प्रतिशत नहीं हैं। यह ध्यान रखा जाता है कि कोई भी अल्पसंख्यक समुदाय चार प्रतिशत से अधिक न हो। भारत में यह प्रतिशत लगभग अट्ठारह से बीस है, पर तब भी सबकुछ अच्छी तरह से चलता है। इसीलिए यह कहना कि वह शर्म इससे सम्बन्धित है, ग़लत है। कुछ अपमान का तत्त्व इस सम्बन्ध में अवश्य है। जब मुसलमान भारत आये, यहाँ बहुत तोड़-फोड़ हुई थी। तब एक दौलत सम्बन्धी सिद्धान्त था 'दौला'। दौला से ही दौलत शब्द बना है। यह फारसी राजनैतिक विचार है। इसके अनुसार कुछ परिवारों पर कुछ ऐसी कृपा हुआ करती है कि वे लोगों पर शासन कर पाते हैं। जैसे शिराजुउद्दौला है। इसका अर्थ हुआ कि ये शख़्स दौलत सम्भाल सकते हैं। दौलत से यहाँ आशय समृद्धि और लोग हैं। इस सिद्धान्त के कारण कई अतियाँ भी हुई हैं। अगर कोई कहे कि मन्दिर नहीं तोड़े गये या सोना नहीं लूटा गया, यह ग़लत होगा। यह सब हुआ है। पर इसके साथ ही यहाँ की कारुवृत्ति को प्रोत्साहन भी मिला है। सूफ़ियों में एक अदब का सिद्धान्त है। यह माना गया कि मज़हब का एक उत्पाद अदबी मनुष्य है। अदब का अर्थ दोहरावपूर्ण कर्म है, जिसे नित्यकर्म भी कहा जाता है। नये कर्म नहीं

बल्कि वे कर्म, जो आप बार-बार करते हैं। जैसे किसी को देखकर नमस्ते करना। इन कर्मों के परिष्कार को ही अदब कहते हैं। कारीगर जो काम करता है, वह भी दोहरावपूर्ण है, इसका परिष्कार अदब है। तमाम कौशल अदब का विषय है। शिष्टाचार अदब है। उदाहरण के लिए बड़ों से कैसा व्यवहार करना आदि अदब का भाग है। दोहरावपूर्ण कर्म को तब तर्क मिला जब कारीगर कुछ कर रहा है। वह कुछ बार-बार कर रहा है। इसमें क्या है? दोहरावपूर्ण कर्म में ही खुदाई है। इसी से शिष्टता उत्पन्न होती है। इस तरह दोहरावपूर्ण कर्म में संलग्न कारीगरों के जीवन का तर्क बड़े ही ऊँचे स्तर पर निकलता है। दोहरावपूर्ण काम में लगे लोग, वे पत्थर को ठक-ठक कर रहे हों या लकड़ी पर काम कर रहे हों या रफ़ू कर रहे हों या बुनाई कर रहे हों, उनके जीवन की वैधता का विचार अदब के सिद्धान्त से आया है। बहुत सारे बुनकरों ने इस्लाम अपनाया। उन को ज़बरदस्ती मुसलमान नहीं बनाया गया। कुछ को बनाया होगा, पर कुछ अपने आप हुए। इसलिए यह कहना मुश्किल है कि भारत की अकर्मण्यता का कारण इस्लाम है। इसका क्या कारण हो सकता है, इसे जानने की कोशिश करना चाहिए। इस सन्दर्भ में एक और बात पर ध्यान देना होगा जो परम्परा में नहीं है, इस्लामिक या सनातनी। हमारे यहाँ निजी और सार्वजनिक क्षेत्र में बहुत बड़ा अन्तर आ गया है। घर तो हम झाड़ू वग़ैरह लगाकर साफ़ रखते हैं, पर कचरा बाहर सड़क पर फेंक देते हैं। पुलिस वाला घर पर बहुत नैतिक बना रहता है, पर बाहर जाकर वही पुलिस वाला पानवाले को पान खाकर पैसा नहीं देता।

> क्या इसका कारण यह नहीं है कि भारत में औपनिवेशिक राज के दौरान सार्वजनिक स्थलों में सामान्य नागरिकों की हिस्सेदारी मुश्किल हो गयी थी, इसलिए सम्भवतः लोगों ने सार्वजनिक क्षेत्र को औपनिवेशिक क्षेत्र मान रखा है?

वह तो ठीक है, पर इसके चलते लोगों में चालाकी आ गयी है जैसे बच्चे लोग धक्का देकर आगे निकल जाते हैं। जब राजस्व का केन्द्रीयकरण हो गया, उसका बँटवारा करने में चालाकी ही चालाकी होती है। चालाकी का यह जो तन्त्र बना है, आगे जाकर शर्म में ही फँस सकता था। चालाकी में मुँह छुपाना हुआ करता है। इधर कुछ कहो, उधर कुछ रहो। इधर मुँह

छुपाओ और उधर मुँह दिखाओ। हमारे चरित्र में यह आ गया है कि हम छुप-छुपकर रहते हैं। यह बात आपको यूरोप में नहीं मिलेगी। जिन शिष्ट व्यक्तियों से समाज टिका हुआ है, उनका अपमान किया जाता है। यहाँ जो लिखा है, नहीं है, उसमें चालाकी है। ऐसे ही वकील हैं, यहाँ न्याय भी चालाकी पर टिका हुआ है। मैं कुछ कर दूँ, तब भी मैं अपनी रक्षा के लिए सक्षम हूँ, इसे ही राक्षस कहा जाता है। हमारे यहाँ शरणागत की रक्षा करना कर्तव्य माना गया है, पर अपनी रक्षा दूसरों पर छोड़नी है। अगर मैं यह सोचूँ कि मैं केवल अपनी रक्षा कर लूँ, यह राक्षसी प्रवृत्ति है। यह प्रवृत्ति यहाँ चल रही है, इसके लिए हम पश्चिम को ज़िम्मेदार कैसे ठहरा सकते हैं? इसमें शक नहीं कि इसका सम्बन्ध आधुनिकता के नाम के भूकम्प से है? उस भूकम्प से जिससे यहाँ के तमाम तन्त्र हिले, उस हिलने का घरेलूपन नहीं हो सका। उस कम्पन को हम जीवन में ढाल नहीं पाये। यह बड़ा काम है, जो होना है। हमारी आधुनिकता में अन्धकार है। उत्तर आधुनिक विचारकों और कांटीनेंटल दार्शनिक ने भी यह कहना आरम्भ किया है कि ज्ञानादेय भी रेनेसाँ के बाद की आधुनिकता के 'लोगोसेंट्रिक' होने की वजह से अनुभवच्युत हैं। उसमें अन्धकार है, पर वह अलग क़िस्म का अन्धकार है। पश्चिम का अन्धकार चकाचौंध में नाक के नीचे का अन्धकार है, जिसका ज़िक्र उत्तर आधुनिकों के लिए हाईडेगर जैसे लोगों ने किया है। वे उस दृश्य को दर्शन में लाने का प्रयास कर रहे हैं। साठ के दशक के वैचारिक आन्दोलन, जिसमें मिशेल फूको जैसे लोग शामिल थे, इसीलिए हुए थे। मेरे विचार से नक्सलवाद उसी से प्रेरित था। पी.पी.एस.टी. का आन्दोलन भी साठ के दशक के छात्र आन्दोलन से ही निकला था। ज्ञानोदय के अन्धकार-बोध से ही साठ के दशक में विद्रोही की छवि निकली थी। भारतीय आधुनिकता का अन्धकार यह नहीं है। अगर आप प्रकाश के स्रोत को बदल देते हैं, तब एक विचित्र क़िस्म का अन्धकार आ जाता है। तब आपका इतिहास और परम्पराएँ अन्धकार में चले जाते हैं। यह स्थान बदलने के कारण आया अन्धकार है, यह विस्थापन का अन्धकार है। यह स्थिति से उत्पन्न अन्धकार है। भारतीय आधुनिकता में लोग यह कहते मिलते हैं, 'मेरा यह विश्वास है', 'मेरा वह विश्वास है', इसमें सारी स्मृतियाँ भी, परम्पराएँ भी, अन्धकार में आ जाती हैं। पर आत्मरक्षा हर जगह चला करती है। यह सभी प्राणियों में है। इसलिए इस अन्धकार में भी आत्मरक्षा की प्रक्रिया चल रही है।

कैसे?

उदाहरण के लिए पुनरुत्थानवाद। परम्परा को पुनरुत्थानवादी ढंग से देखना। यह आत्मरक्षा का ही ढंग है। जैसे तिलक ने गणेश उत्सव की स्थापना की। उन्होंने एक परिपाटी को दोबारा जीवन्त कर दिया। उसे आधुनिक कर दिया। पुनरुत्थानवाद आधुनिकता है। यहाँ दो क़िस्म की आधुनिकताएँ हैं, एक पारम्परिक आधुनिकतावाद और दूसरा आधुनिक परम्परावाद जैसे प्रद्योत कुमार मुखोपाध्याय जी कहते हैं। हमारी परम्परा की पुनर्प्राप्ति अधूरी है। इसमें परम्परा पर अतार्किक विश्वास है। एक छोटी-सी चीज़ में पूरी सृष्टि को डाला गया है, यह एक त्रुटि है। यह सिर्फ़ एक तरह के सवर्णों में ही नहीं हुआ दलितों में भी यही कुछ है। उन्होंने भी 'हमारा हमेशा अपमान हुआ है', जैसी बातों को लेकर पुनरुत्थानवादी ढंग से अपनी अस्मिता गढ़ ली है। अब यह हुआ हो या न हुआ हो, यह बात अलग छूट जाती है। आधुनिक भारत में इसी क़िस्म की चीज़ें बन रही हैं। इसी तरह महाजातियाँ बनीं, जैसे यादव। यह परम्परा का एक दिशा में ठहर जाना है। इनका कोई भविष्य नहीं है। यह नहीं सोचा जा सकता कि यादव जाति अगले पाँच सौ साल तक बची रहेगी। अगले चार-पाँच सौ साल में दलित जैसी कोटियाँ नहीं रहनेवाली हैं। इन कोटियों में विधायक शक्ति क्या होगी? आगे चलकर दलित या यादव या ब्राह्मण क्या करनेवाले हैं? इनमें कोई विधायक शक्ति नहीं है। बंगाल, महाराष्ट्र और पंजाब में लगभग साथ-साथ जिस भारतीय पुनर्जागरण या आधुनिकता की शुरुआत हुई थी, उसमें अवश्य ब्राह्मणों का योगदान था। उसमें ये विचार हुआ कि हम 'तर्कणा' (रेशनेलिटी पश्चिम से ले लेंगे और 'ब्रह्मन्' का विचार पश्चिम को दे देंगे। भारतीय आधुनिकता इस गठबन्धन पर टिकी हुई है। इस गठबन्धन की कोई सन्तान नहीं है। इसका उत्पाद क्या है? कुछ नहीं। अगर आप राजा राममोहन राय या दयानन्द सरस्वती या ब्रह्म समाज या आर्य समाज या साधु समाज की दार्शनिक पीठिका का अध्ययन करेंगे, आप पाएँगे, यह द्वैतवाद की विशुद्ध 'कारतेसियन' पीठिका है। पदार्थ हम पश्चिम से लेंगे और आत्मा हमारी होगी। इस क़िस्म का यह गठबन्धन है, इसी में दलित अपना आधार देखते हैं और अन्य सवर्ण समूह भी। यह एक ऐसी ठोस अवस्थिति है, जिसकी शपथ खाए बिना भारत का राष्ट्रपति भी नहीं चल सकता। प्रेसिडेंट अब्दुल कलाम भी जब आये, उन्होंने भी यही

कहा कि सभी धर्मों की आत्मा एक ही है। यह बात वही कर सकता है, जो पश्चिमी पदार्थवाद के भारतीय अध्यात्म से गठबन्धन को मानता हो। ऐसी स्थिति में व्यक्ति धर्म को महज़ आध्यात्मिकता मानता है, वह यह नहीं मानता कि वह व्यावहारिक है, आनुष्ठानिक है, वह सिर्फ़ जीवन की सच्चाई नहीं है, कार्य भी है। वह यह मानता है कि धर्म महज़ ध्यान लगाने का काम है। चाहे वह इस्लाम या ईसाईयत या हिन्दू। गांधीजी जी भी यही कहते थे। कर्मकाण्ड को दबाकर रखने की कोशिश होती है, मुसलमानों में जो कारीगर हैं, उनमें अदब को दबाकर रखने की कोशिश होती है, शिष्टता को दबाकर रखने की।

> इस तरह हमारे पास लोकव्यवहार का कोई आधार नहीं बच पाता।

लोकव्यापी शिष्ट लोकव्यवहार का अभाव हो गया है। हमारा व्यवहार आभिजात्य हो गया है। आधुनिक विधान में भद्रलोग एक–दूसरे का आदर–सत्कार कर सकते हैं, पर साधारण लोगों में इसकी सम्भावना नहीं देखी जाती है। उदारवाद में यही बात है कि तरह–तरह के लोग साथ में काम कर सकते हैं। जैसे यह मान्यता कि सभी धर्मों की आध्यात्मिकता एक–सी है। सभी को एक–सा सम्मान देना है, इस अर्थ में भारतीय सेक्यूलरिज़्म पश्चिमी सेक्यूलरिज़्म से अलग नहीं है। इनके बीच की व्यावहारिक एकता का आधार अँग्रेज़ी भाषा के इर्द–गिर्द विकसित दृष्टि है। वह आभिजात्य है, उसमें कुछ भंगिमाएँ हैं, वह यहाँ विकसित नहीं हुई है। उसे यहाँ स्वीकार कर लिया गया है। ये सब टोडी बच्चों जैसा हाल है। पंजाब में स्वतन्त्रता प्राप्ति के पहले जो लोग अँग्रेज़ों के पिछलग्गू थे, उन्हें भगतसिंह जैसे अनेक लोग टोडी बच्चा कहते थे। ये वे लोग होते हैं, जो किसी और के बताये मार्ग पर तत्पर चला करते हैं। आपको शिष्ट होने के लिए आभिजात्य होना आवश्यक हो गया है। मानो आप साधारण रहकर शिष्ट नहीं हो सकते हों। आप हो सकते होंगे, पर वैसा होने का कोई भविष्य नहीं है, जबकि आभिजात्य शिष्टता का भविष्य है। इन सबमें अन्याय नज़र आता है, पर उसका निदान आरोप लगाने में नहीं, कुछ नया रचने में है। हमारी आलोचना में रचना का कोई रूप नज़र नहीं आता। आलोचना मनुष्य की प्रवृत्ति है, वह की जाती रहेगी पर उसमें

कुछ रचना होनी चाहिए।

परम्परा के भीतर से...

उसमें से कोई विधायक शक्ति उत्पन्न होना चाहिए।

क्या स्वयं आपका बौद्धिक कार्य उसी दिशा में है? उदाहरण के लिए आपका 'इतिहास' और 'हिस्ट्री' के अन्तर को रेखांकित करनेवाले निबन्ध में यह विचार है कि 'इतिहास' की प्रेरक शक्ति में न्याय का स्थान अधिक बुनियादी है न कि अन्याय का, जैसा कि यूरोप में 'हिस्ट्री' के कारण हुआ है?

जब भी कोई अन्याय का दावा करता है, यह प्रश्न उठ ही जाता है कि क्या ऐसा सचमुच हुआ है? कहीं यह दावा ग़लत तो नहीं? इसलिए इसकी जाँच करनी पड़ती है, यह पूछना पड़ता है कि यह अन्याय कब हुआ, किस जगह आदि? इसके लिए साक्षी चाहिए होते हैं। आप तरह-तरह के अन्वेषण करते हैं। अन्याय के दावे की जाँच की एक तरह की पद्धति हुआ करती है। न्याय के दावे की जाँच की पद्धति दूसरी होती है। इन दोनों ही स्थितियों में दो अलग तरह से विचरण और विचार किया जाता है। जिन अपरिहार्यताओं के बीच विचार घूमेगा, वह न्याय में अलग है, अन्याय में अलग। जब अन्याय का दावा होता है, आप देश-काल का क्रम देखते हैं, (आप कहाँ थे? वो कहाँ था? ये कबकी बात है? यह कैसे हुआ? किस जगह हुआ? क्या वहाँ कोई और भी था?) आप अन्याय को देश-काल में अवस्थित करते हैं। जब न्याय का दावा होता है (यह कितना शिष्ट व्यक्ति है! उसका चरित्र ऐसा उजला है!), तब उसका केवल नैतिक परीक्षण होता है। इसमें साक्ष्य आधारित परीक्षण नहीं होता, आप यहाँ देश-काल क्रम नहीं देखते। आप यह नहीं देखते कि वह कितने बजे सोकर उठता है। इस तरह न्याय और अन्याय के परीक्षण में विचरण का स्वरूप भिन्न है। न्याय की स्मृति 'इतिहास' है। अन्याय की स्मृति 'हिस्ट्री' है। हिस्ट्री का विचार अठारहवीं सदी में आया है। इसका जो औपनिवेशिक उपयोग हुआ, उसमें आरोप लगाना मुख्य था। वे यह देखते थे कि वे जिस चीज़ या संघटना का अध्ययन कर रहे थे, उसमें कमी क्या है? वे यह

देखते कि यहाँ अन्याय कहाँ है? कौन-से प्रश्न अनुत्तरित हैं? इसी रास्ते उस चीज़ को समझते हैं। इस तरह 'हिस्ट्री' एक अन्याय से दूसरे में, दूसरे से तीसरे में कूदकर जाती है। हिस्ट्री अन्यायों की टूटी-फूटी कहानी है। मार्क्स और हेगल ने यही किया है। 'इतिहास' में उदाहरण के लिए, जब यह प्रश्न आता है कि एकलव्य के साथ न्याय हुआ या नहीं? उसमें देश-काल के साक्ष्य का प्रश्न नहीं उठता। कोई कहेगा हुआ है, कोई कहेगा नहीं हुआ है। यहाँ न्याय के दावे से जुड़ी विचरण की पद्धति चलती है। इस पद्धति को 'इतिहास' कहते हैं। अन्याय को ढूँढना, उसे असमाधेय मानना और उसको दोषी ठहराना हिस्ट्री है। जैसे अँग्रेज़ों ने जातिप्रथा पर बात करते हुए यह कहा कि ये लोग दलितों पर अन्याय करते हैं और यह अन्याय इनके द्वारा दुरुस्त नहीं किया जा सकता। इसे हम (अँग्रेज़) दुरुस्त करेंगे। इसीलिए हिस्ट्री शक्तिशाली विजेताओं की होती है। जबकि इतिहास सबका होता है। हिस्ट्री वाले का यह दावा होता है कि यहाँ कुछ असमाधेय है, उसका समाधान मैं करूँगा। जैसे वो भारत आकर कहता है कि यहाँ जाति व्यवस्था बनी हुई है, इसे मैं तोड़ूँगा, तभी यहाँ स्वतन्त्रता आयेगी। हिस्ट्री लेखन में चतुरायी है, यहाँ आप कुछ चीज़ों को असमाधेय बनाकर तिरस्कृत करते हैं और लोगों से इसके लिए अपनी अधीनता स्वीकार कराते हैं। हिस्ट्री मृत्युओं की कथा है, इतिहास जीवन की। हिस्ट्री में शव बिखरते हैं। वह यह रेखांकित करती है कि कौन-कब-कहाँ मरा? जबकि वह पीछे छूट गया होता है और उसकी जीवन शक्ति वर्तमान तक आकर स्मृति में स्थान पा लेती है, वहीं उसकी आत्मा बसेरा करती है। हिस्ट्री मुड़-मुड़कर शवों को देखती है, इतिहास भविष्य को देखता है। इतिहास एक नैतिक विमर्श है, जो चलता रहता है। मैं तो यह मानता हूँ कि सत्य एक कहानी है, इसी को ऐतेय प्रमाण कहते हैं। हम लोगों के मनन, चिन्तन और विचारों में दुनिया की चीज़ों को संक्षिप्त करके कहानी कह दिया करते हैं, पर कहानी में सच कहाँ से आता है? पहले हो चुकी चीज़ के आख्यान में सत्य कैसे आता है? यह अनुमान नहीं हो सकता, आख़िर आप अनुमान को कितना खींचेंगे? तो क्या यह शब्द से होगा? शब्द से वर्तमान की अन्तरदृष्टि आयेगी। एकलव्य के साथ ठीक हुआ या नहीं, यह शब्द से आ जायेगा। पर सचमुच हुआ क्या था? यह शब्द से नहीं आयेगा। अलग-अलग व्याख्याएँ हो सकती हैं। अमिताभ बच्चन की एकलव्य को लेकर एक फ़िल्म है। इसमें उसने एकलव्य की लोकप्रिय छवि को उलट

दिया है। वह यह कह रहा है कि उसने अपनी इच्छा से अपना अँगूठा काटा था, अगर आप एकलव्य की स्थिति पर प्रश्न उठाएँगे, आप दरअसल, उसके बोध को प्रश्नांकित कर रहे हैं और अगर आप एकलव्य के बोध को प्रश्नांकित करते हैं, आप उसका अपमान कर रहे हैं और इस तरह उसमें जो निष्ठा का अपमान हो रहा है, वह बहुत बड़ा अन्याय है। ये सारी बातें नैतिक विमर्श में इस दृष्टान्त को कई कोणों से देखने पर आ जायेंगी। स्मृति दो प्रकार की है। एक अन्याय की स्मृति है, जैसे यह कि मुसलमानों ने आकर हिन्दुओं के मन्दिरों को तोड़ा। राजनीति में अन्याय के बहुत से दावे होते हैं। राज्य का यह दायित्व होता है कि वह इन अन्यायों का समाधान करे, इसलिए राजा को इतिहास पकड़ना पड़ेगा, उसका हिस्ट्री से काम नहीं चलेगा। अगर अन्याय हुआ है, तो आप उसके बदले में अन्याय नहीं कर सकते, उसके समाधान के लिए इतिहास को देखना पड़ेगा। यही कारण है कि लोग गाथा कहते हैं, यह हरेक कर सकता है। एक गंगू तैली भी मर्यादा पुरुष राजा की त्रुटि निकाल सकता है। इतिहास स्वतन्त्रतादायी है। हिस्ट्री देश-काल में बाँध देती है। पश्चिम में एक हेडन व्हानइट नाम का विचारक हुआ है। उसने आख्यान और साक्ष्यमूलक हिस्ट्री के अन्तर को देखा। उसने कहा हिस्ट्री वाले दो-चार साक्ष्यों को पकड़कर रोमिला थापर की तरह कई कहानियाँ बनाते हैं। ये लोग इस तरह व्यवहार करते हैं, मानो साक्ष्य आख्यानों से कहीं ऊपर हों, जबकि साक्ष्य अनिश्चित होते हैं, इसलिए यह त्रुटि है जबकि नैतिक परीक्षण (जैसा कि इतिहास में होता है) हमेशा ही कम निर्धारित निर्णय लेता चलता है। वह लगातार चलता रहता है, उसमें हमेशा ही कुछ शेष रहा आता है। यहाँ एक दिन आपको यह लग सकता है कि एकलव्य की निष्ठा जिसके कारण वह प्रसुविधा सीख पाया ही उसका धर्म है, पर बाद में आप यह सोच सकते हैं कि वह धर्म तो है, पर उसमें त्रुटि है। आप उसे अलग-अलग समय पर अलग-अलग तरह से देख सकते हैं। नैतिक परीक्षण अपने शेष के साथ अन्तहीन है। यह एक क़िस्म का प्रवृत्तिमूलक यथार्थवाद रहा है। इसमें प्रवृत्तियों की शक्तियों को यथार्थ माना जाता है। इन शक्तियों के साथ घर्षण करते हुए जो परिस्थितियाँ बनती हैं, उनको जस का तस कहा जाता है। यहाँ यथातथ्यता का स्रोत प्रवृत्तिमूलकता है। कुछ लोगों ने इस प्रमाण को शब्द में डाला, आप इसे ऐतेय में डाल सकते हैं। इस विमर्श में यथार्थ कहानी में समाधेय हो जाता है। इस समाधेयता में सत्य की ओर एक झुकाव है, वह झुकाव

ही प्रमाण है। कथा के भीतर भी प्रथा-करण है, ऐसा नहीं कि वहाँ आप कुछ भी बोल सकें, क्योंकि उसे परीक्षण के सहारे उचित स्थान पर अवस्थित किया जा सकता है। इसलिए कथा से सत्य की ओर जाता मार्ग फूटता है। मैं मानता हूँ कि जो बात संविधान के विषय में हम कर रहे थे, उस पर या चिराला में गांधीजी की घटना पर नाटक करना चाहिए। तब इस कथा से आप कुछ नैतिक दृष्टि पा सकते हैं। असलियत कहानी है, पर उसे अचूक (यथावत्) होना चाहिए। कहानी का चलन ही उसकी यथावतता है। इतिहास का यही अर्थ है कि जैसा हुआ है, वैसा कहो और यह केवल कहानी हो सकती है, साक्ष्यमूलकता नहीं।

आपके तमाम लेखन में विशेषकर आपकी अन्तःकरण पर लिखी पुस्तक में आधुनिक विज्ञान के क्षेत्र में जाकर आप पारम्परिक भारतीय चिन्तन और उसमें भी वैशेषिक दर्शन की बात उठाते हैं। आपके विमर्श में वैशेषिक दर्शन के चुनाव का क्या आधार है?

वैशेषिकों का पदार्थ शास्त्र सबसे अधिक चिरकालिक है। उन्होंने बहुत सूक्ष्मता से पदार्थों को कोटिबद्ध किया है। अगर यूनानी और आधुनिक विमर्श पर ध्यान दें, आप पाएँगे कि सत्य का भार भाषा पर डाल दिया गया है। जैसे तर्क भाषा है। भाषा के विन्यास और वास्तविकता की आवश्यकता के बीच एक सशक्त अन्तर स्थापित कर दिया गया है। यह अन्तराल हमारे यहाँ नहीं मिलता। संयोग से पश्चिम में ऐसे कई अन्तराल हैं, जो हमारे यहाँ नहीं मिलते। पश्चिम में कॉज़ (कारण) और बीकॉज़ (क्योंकि) में अन्तराल है। 'कॉज़' पदार्थ में मिलता है और 'बिकॉज़' भाषा में। हमारे यहाँ यह नही हैं। यहाँ आप भाषा या मानस की बात करते हुए भी कार्य-कारण की बात कर सकते हैं; यही कार्य-कारण भाव आप पदार्थ के सन्दर्भ में भी देख सकते हैं। हमारे विमर्श में ईश्वर भी कार्य-कारण भाव के अधीन रहता है। वैशेषिकों के पदार्थ शास्त्र में जो पदार्थ हैं वे भौतिक भी हैं, मानसिक भी। वे हरेक में कार्य-कारण भाव लगाते हैं। इस दर्शन की यह विशेषता इसे भविष्य के लिए अधिक उपयुक्त बनाती है। जबकि पश्चिम में इनके बीच अन्तराल होने के कारण दो अलग तन्त्र बन गये हैं। एक मानव शास्त्र का तन्त्र और एक विज्ञान का। एक ऐसी कल्पना बनी कि पदार्थ के भीतर ही उसकी कारणता अवस्थित है। अगर आपको

उनकी कारणता देखना है, आपको उसके बाहर जाने की आवश्यकता नहीं है, आपको उसकी व्याख्या उसी के भीतर मिल जायेगी। इसमें त्रुटि है, इसमें यह समझना मुश्किल है कि मेरे संकल्प से मेरा हाथ कैसे हिल उठता है। पदार्थ के रूपान्तरण संकल्पों या इच्छाओं से हो जाते हैं, जिसमें पदार्थ भी सक्रिय होता है। इस सबको समझने वैशेषिक दर्शन की ओर इसलिए मुड़ना पड़ा क्योंकि उसमें कोटियों की व्यवस्था है। दुनिया की पूरी व्यवस्था इस दर्शन में बनी हुई है। मेरी इस विषय में कुछ अलग सोच है। पश्चिम में रूप और कथ्य (form and content) के बीच में अन्तराल मिलता है। प्लेटों में यह बहुत साफ़-साफ़ नहीं है पर फिर भी है। आधुनिक समय में तो यह मिलता ही है। ऐसा बताते हैं कि यह फ़र्क़ हमारे यहाँ नहीं था। गीता में कहा गया है कि एक क्षर पुरुष है, जिसमें जीवन उत्पन्न होता है और गलता है जिसे पुद्गल कहते हैं। एक अक्षर पुरुष होता है। इन दोनों के अलावा एक और पुरुष होता है, उत्तम, जिसे आधुनिक समय में ब्रह्मन कहते हैं। अक्षर पुरुष का क्या आशय है? गीता में इसे कूटस्थ कहा है। शंकराचार्य ने इसे मायाबीज कहा है। बिना अक्षर के क्षर पुरुष नहीं होता। क्षर पुरुष माया है। अक्षर ब्रह्मन (उत्तम पुरुष) से भिन्न कैसे है? दोनों ही चिरकालिक हैं। भारतीय आधुनिकता में ब्रह्मन और अक्षर को एक कर दिया गया है। इनके बरक्स क्षर पुरुष को रखा गया है। यह अद्वैत की आधुनिक दुर्व्याख्या है। इसी कारण इसका देकार्त के द्वैत से सम्बन्ध बनता है, पदार्थ और मानस के बीच का अन्तराल उत्पन्न होता है। ब्रह्मन अविभेदित है। उसमें जब विभेद उत्पन्न होता है, दो वस्तुएँ बन जाती हैं। ब्रह्मन में जो विभाजक है, वह अक्षर है। वह रूप है, पदार्थ नहीं बल्कि शून्य है। उदाहरण के लिए जब आप साँस ले रहे हैं, साँस लेने और छोड़ने के बीच जो अन्तराल है, जो 'स्विच' है, वह साँस नहीं है, रूप है। कार्य और कारण के बीच अन्तराल एक रूप है, जो एक क़िस्म का विवेक है, इन दो वस्तुओं को अलग-अलग करता है और जोड़ता है, पर वह कोई वस्तु नहीं है। वह दरअसल, सत्तावत् शून्य है। आवाज़ों और शब्दों के बीच तरह-तरह के विराम आते हैं, पूर्व और अपर के बीच अलगाव भर हैं। यह रूप किसी तथ्य पर काबिज़ होता है। बिना कथ्य के यह होता नहीं है। जहाँ भी विवेक आया वहाँ यह रूप आ जाता है। मेरे विचार से समाधि में एक मूल रूप होता है, समाधि अविभाज्य नहीं होती। समाधि में कथ्य होता है और रूप होता है। कणाद की समाधि में एक रूप था आधार और आधेय

का। सारे ब्रह्माण्ड में जो कुछ भी है किसी न किसी पर आधारित है, जितने भी पदार्थ हैं, वे आधार और आधेय के बीच के विराम से सुनियोजित हैं। अगर ऐसी वस्तु मिल जाय जो अनाश्रित है, जो किसी पर आश्रित न हो बल्कि जिस पर सब कुछ आश्रित हो, उसको हम आधार या ग्राउण्ड कहते हैं। ऐसी कौन सी वस्तुएँ हैं, जो किसी पर आश्रित नहीं; देश, काल, आत्मा इत्यादि। इन पर सारी चीज़ें आश्रित हैं। कुछ ऐसी वस्तुएँ भी हैं, जिन पर कोई वस्तु आश्रित नहीं है। अगर हम आधार आधेय के सिद्धान्त को ध्यान में रखें, आपको एक तल मिल जायेगा और एक छत मिल जायेगी। छत वह है, जिसे हम जातियाँ या सामान्य कहते हैं, जो अनेक वस्तुओं पर आधारित होती हैं, पर जिन पर कुछ आधारित नहीं होता। इन रूपाकारों से न्याय वैशेषिक पदार्थ निकलते हैं। ये मुझे सन् २००० तक समझ में आ गया। इन बातों को अगर आगे बढ़ाएँ तो पाएँगे कि इनमें अन्तःकरण के रूपाकार मिल जाते हैं। मूल पदार्थों को देखने के बाद आप उनमें गुण देखेंगे। गुणों में कुछ ऐसे हैं, जो आत्मा के गुण हैं। आत्मा के दो प्रकार के गुण होते हैं; दृष्ट और अदृष्ट जो अनुभूत और अननुभूत गुण है। अनुभूत गुण पाँच प्रकार के होते हैं। ज्ञान इत्यादि जिनमें आकार होते हैं, जिनसे बुद्धि बनती है, फिर इच्छाएँ, फिर प्रयत्न, उसके बाद सुख-दुःख होता है। जितनी भी प्रक्रियाएँ हैं, इन रूपाकारों से निकल आती हैं। मेरा यह सोचना है कि हम लोगों को भारतीय परम्पराओं में अन्तर्निहित तर्कों की गहरी समझ नहीं है। हर दर्शन के पीछे बहुत सशक्त तर्क हैं। वे इतने सशक्त हैं कि उन्हें हिलाना मुश्किल है। वे तर्क अक्षर पर टिके हैं। ये इतने सारे अक्षर ही हैं। अक्षर को हम अँग्रेज़ी के पंक्चुएशन, जिसे प्वॉइंट कहा जाता है, से समझते हैं। उसकी मूल धातु पुङ्क्त है, जिसमें प्वॉइंट, डिसअप्वॉइंट, पंक्चुएशन, पंक्चुअल आदि बनते हैं। उसी से हमारे यहाँ पंगत या पंक्तियाँ या प्रपंच (फैलाव) या पाँच (पहले दस को पाँच कहते थे, धीरे-धीरे पाँच अलग हो गया, इसलिए प्रपंच का अर्थ सम्पूर्ण फैलाव है)। फैलाव ठोस नहीं हैं। रूपाकार ठोस हैं। अगर फैलाव ठोस हो गया, रूपाकार कुटिल हो जायेंगे। अगर मात्राओं के बीच का अन्तराल नहीं होगा, वाक्य नहीं बनेगा, यह अन्तराल उन्हें फैलाकर रखता है। फैलाव का यह कारण माया का बीज माना गया है। पंक्ति एक अलग रेखा है, वह टेढ़ी-मेढ़ी भले ही हो, पर वह अलग है। पंगत भी यही है। इसके मुख्य उदाहरणों में प्रथम वाणी है, जहाँ मात्राओं की पंक्ति बनती है। दूसरा

उदाहरण मति है। मति में भी एक के बाद दूसरी अवस्थाएँ आती रहती हैं। तीसरा जन्म और पुनर्जन्म का दोहराव भी पंक्ति है। ये कई उदाहरण हैं और इनका बहुत गहराई से अध्ययन किया गया, इसकी व्याकृति यानी व्याकरण यानी भाषा के फैलाव का अध्ययन किया गया। यह भी अन्त:करण की एक धारा है। इसी तरह इस पंक्ति का कर्म सिद्धान्त आदि में बहुत अध्ययन किया गया। पश्चिम में अटूट पंक्ति (continuous line) का अध्ययन हुआ। मैं छिंदित पंक्ति को डिस्क्रीट (अक्षरित) और अटूट पंक्ति को कन्टीव्यूअस लाईन (अनक्षरित) इसलिए कहता हूँ क्योंकि हमारे ये विचार इस आधुनिक शब्दावली में भी ठीक से बैठ जाते हैं। वास्तविकता डिस्क्रीट है। कन्टीनुअम या अटूटता आधुनिक मिथक है। इसका अर्थ यह है कि आपने देश-काल की अटूटता का एक ढाँचा वास्तविकता पर डाल दिया है। उस अटूटता पर पदार्थ तो बैठ जाता है, पर आदमी नहीं बैठ पाता क्योंकि वहाँ शरीर और मति के अन्तराल की समस्या उठ जाती है, पर अगर आप पंक्ति को डिस्क्रीट मानेंगे, सब बैठ जाता है। हमारे यहाँ डिस्क्रीट की समझ थी और इसके लिए अक्षर होना आवश्यक है। पश्चिम में सीमाओं को बन्द माना गया है। जैसे कुर्सी का आकार है और उसकी एक सीमा है। यह सीमा उनके हिसाब से बन्द है, इसी तरह ब्रह्माण्ड की सीमा भी बन्द है। यूनान में यह विडम्बना चला करती है कि अगर आपने एक भाला फेंका तो सीमा पर उसका क्या होगा? टकराएगा, गिरेगा या वापस आयेगा। ब्रह्माण्ड की सीमा मान लिया। इससे परिसीमित क्षेत्र बने, जैसे सेट। सेट अपने सदस्यों की सीमा रेखा तय करता है, प्रोपोजिशन वस्तुओं और उनके गुणों की सीमा रेखा है। उसमें एक आकार छुपा है। पश्चिम ने इन बन्द सीमांकनों को लेकर अपने सिद्धान्त विकसित किये। हमारे यहाँ सीमाएँ खुली हुई हैं जैसे अक्षर (पंक्चुएशन) अपने दो ही कथ्यों को धारण करता। ये कथ्य उसे धारण करते हैं और इन कथ्यों का अस्तित्व बना रहता है। अक्षर (पंक्चुएशन) से वास्तविकता का रूप बनता है और बन्द सीमाओं से भाषा के तर्क की संरचना तैयार होती है। पश्चिम में वह हुआ है। इसीलिए वहाँ यथार्थ की कोई सत्ता मीमांसा नहीं है, वह तर्क को तोड़ता-मरोड़ता रहता है। वहाँ यथार्थ सिद्धान्तों को तोड़ता-फोड़ता रहता है और नये सिद्धान्त बनते रहते हैं। वहाँ यथार्थ के प्रति पूजा भाव है। भारत की तर्क पद्धति डिस्क्लोज़र की है, पश्चिम की एनक्लोज़र की। वे मानते हैं कि पहले सीमाओं को

बन्द कर लो फिर देखो उसमें कौन-सा तर्क चल सकता है? यहाँ वह सीमा खुली हुई है, इसलिए यहाँ का तर्क वर्णनात्मक होता है। यहाँ यह प्रश्न है कि क्या है? और इससे कथाएँ उत्पन्न होती रहती हैं। वहाँ जो लोग ठीक से सीमांकन कर लेते है, वे तर्क को थाम लेते हैं और बाक़ी दुनिया टेढ़ी-मेढ़ी चलती रहती है। एक आईडॉस है, दूसरा डॉक्सा। इस अराजक स्थिति से भद्रलोक चिन्तित होता रहता है और क्रान्तिकारी प्रसन्न रहता है। इस सन्दर्भ में सबसे पहले मैंने व्याकरण को देखा, तो पाया कि वहाँ सारा प्रारूपण और प्रक्रियाएँ अक्षर (पंक्चुएशन) से निकल आती हैं। पर वह व्याकरण तक सीमित नहीं है। पदार्थ शास्त्र का भी पूरा प्रारूपण इससे निकल आता है। एक अक्षर बोध से जो कणाद की समाधि है, पदार्थ शास्त्र निकल आता है। हर दर्शन में एक समाधि बैठी हुई है। समाधि में जो अनुभव था, उसमें कुछ रूपाकार थे। यह रूपाकार ही समाधि बोध है। कणाद की समाधि में आधार-आधेय भाव (रूपाकार) है। बौद्धों या अद्वैत की माने तो उसमें ग्राहय-ग्राही भाव है। एक चीज़ दूसरे को निगल जाती है। वहाँ ग्रहण करने का भाव है। सांख्य में प्राकृत-विकृत भाव है। एक प्रकृति है, दूसरा उसका विकार है। ब्रह्मन विकृत में खुलता है और प्राकृत में संकुचित हो जाता है। ये तरह-तरह के रूपाकारों की स्वप्रेरणाएँ हैं, जिनसे अनेक प्रस्थान बने हैं। आजकल मैं कल्पना पर सोच रहा हूँ कल्प, विकल्प (जिसका आशय ज्ञान है) कल्पना से संकल्प होता है, जिससे कर्म होता है। संकल्प का आशय कर्म है। मैं यह सोच रहा हूँ कि कल्पना में क्या प्रारूपण और प्रक्रियाएँ हैं। फ़िल्मों में क्या प्रक्रियाएँ हैं, संगीत में, चित्रकला आदि में। यह सब वैशेषिक दर्शन के साथ संयोजित होता जा रहा है। जैसे न्याय-वैशेषिक दर्शन है, वैसे ही जैन-वैशेषिक हुआ है, मीमांसा-वैशेषिक, बौद्ध-वैशेषिक हुआ है। इसी तरह योग दर्शन है। सांख्य-योग है, जैन-योग भी है, बौद्ध-योग भी है और तन्त्र योग भी है। वैशेषिकों का पदार्थ शास्त्र आपको जैनियों में भी मिलेगा, बौद्धों में भी, मीमांसकों में भी। इन तीनों-चारों प्रस्थानों में कुछ-कुछ अन्तर हैं। बौद्धों ने यह माना कि जीवन की धारा चित्त सन्तति एकमात्र पंक्ति है। हम जितने भी विभेद क्यूँ न करें, वे सभी उसी पंक्ति पर होंगे। पंक्ति अनादि है पर सान्त है। निर्वाण पर उनका अन्त है। उसी के ऊपर चित्त बना है। उससे चैतसिक बना है, फिर रूप बना है, ये सब उसी एक पंक्ति पर बने हैं। ऐसी अनेक लोगों की अनेक समान्तर पंक्तियाँ

हैं। वहाँ धर्म-धर्मी के बीच जो सम्बन्ध है, वह आधार आधेय भाव न होकर ग्राहय-ग्राही भाव है। चित्त चैतसिकों को ग्रहण कर लेता है और रूपों को ग्रहण कर लेता है। चित्त के साथ कई रूप के पुद्‌गल चिपके हुए हैं, चित्त ने उन्हें ग्रहण किया हुआ है। शैवों में शैया-शयी भाव है। तन्त्र ने इसे मूल माना है। ऐसे कई प्रस्थान बने हैं। किसी ने कहा जो एक से दो हुआ, वह आधार-आधेय पर हुआ, किसी ने कहा वह ग्राह्य-ग्राही पर हुआ, किसी ने कहा इनमें व्यंग्य-व्यंग्यी भाव है। व्याकरण ने कहा यह प्रकृति-प्रत्यय भाव है। व्याकरण में यह था कि कोई मूल चीज़ है और उसमें कुछ आकर जुड़ गया। इस तरह शिव-शक्ति की कल्पना में भी अक्षर की ही बात है। सारी कलाएँ इससे निकली हैं। पहला सृजन कम्पन और फिर उसमें अवरोध यही शिव-शक्ति है और प्रथम रुकावट है। इसको लेकर बाक़ी रूपाकार बनते हैं, जो शिव और शक्ति के बीच की लीला है। ऐसे ही रूपाकार वैष्णवों ने भी प्रस्तावित किये। ऐसे ही अनेक प्रस्थान हैं, तन्त्र हैं और वहीं से अनेक सम्प्रदाय बने। इसलिए यह देश बहुतन्त्रवादी रहा। इनमें से हरेक प्रस्थान का अपना महत्त्व है, हरेक पर आधारित जीवन की सृष्टि हो जाती है। उसी से सम्प्रदाय बनते हैं और एक तरह का रहन-सहन प्रारम्भ हो जाता है। यह विधान एक हद तक चलता है। फिर कोई दूसरा आ जाता है। हमारे यहाँ कई सम्प्रदाय और कई तन्त्र हैं, पर कई मत नहीं है। यहाँ सृष्टि की एक पकड़ होती है, उस पर जीवन का विधान होता है और सम्प्रदाय बन जाते हैं। इनके बीच वाद-विवाद से लेकर वितण्डा और लड़ाइयाँ भी हुई हैं। पश्चिम से भिन्न डिस्क्लोज़र की अन्तर्दृष्टि केवल वैशेषिकों तक सीमित नहीं है। वह सभी दर्शनों में मिलती है। पर वैशैषिकों ने बड़ी स्पष्टता से पदार्थ विभाजन किया है। और उसमें जड़ और चेतना को एक ही तरह से और एक-सी स्पष्टता से पकड़ा गया है। तीसरी बात यह है कि वैशेषिक शास्त्र अभी पूरा नहीं हुआ है, उसकी समाधि की एकवाक्यता भले ही पकड़ ली गयी हो, पर अभी तक उसकी व्याख्या खुली हुई है। मुझे वैशेषिक मीमांसा पसन्द है। इसी वैशेषिक का विस्तार समाज और विधि तक हो जाता है। दूसरी ओर उसी वैशेषिक का एक विस्तार नाट्‌यशास्त्र में मिलता है। नाट्‌यशास्त्र की प्रमुख चार धारणाएँ हैं। ये व्याख्याएँ रस निष्पत्ति पर विचार करते हुए की गयी हैं। इनमें भट्टलोल्लक आदि विचारकों की व्याख्याएँ हैं। एक व्याख्या नैयायिकों की है अनुमानवाद, एक वैशेषिकों की है कार्य कारणवाद, बाद

में एक आयी भाषावादियों की और एक ध्वनिवादियों की व्याख्या है। वैशेषिक की एक धारा अद्वैत के साथ भी जाती है, जिसे भास्कर अद्वैत कहते हैं। इसी तरह वैशेषिकों की नाट्यशास्त्र की व्याख्या भी है; मैं उस पर काम कर रहा हूँ। उससे आप अनेक रूपाकार देखते हैं, जैसे कि फ़िल्म में छः तरह के पदार्थ होते हैं। सिनेमा के बारे में यह सब किसी भी ग्रन्थ में नहीं लिखा है। पर अगर वैशेषिकों की एकवाक्यता को पकड़ लिया जाय, उसमें से ये सारी चीज़ें निकल आयेंगी। उसी में से विधिशास्त्र भी निकल आयेगा।

क्या आप यह कह रहे हैं कि वैशेषिक दर्शन के सहारे आप आधुनिक विज्ञान के मूलभूत अन्तर्विरोधों को सामने रख सकते हैं?

इस रास्ते विज्ञान का उद्धार होगा। हम आधुनिक विज्ञान के ऋणी हैं। उस ऋण की हमें पूर्ति करनी है। वह जिस समस्या में फँसी हुई हैं, उसे सुलझाना है। वैशेषिक के सहारे वह बाहर निकल जायेगी और उसे शर्मिन्दा भी नहीं होना पड़ेगा। विज्ञान में बहुत-से अदृष्ट हैं। उसे दृश्य में लाना है। दर्शन का आरम्भ में प्रयोजन अदृष्ट को दृश्य करना माना गया था। दर्शन का अर्थ ही यह है कि जो प्रक्रियाएँ पीछे-पीछे अदृश्य रूप से चल रही हैं, उन्हें दृश्य बनाया जाय। पश्चिमी विज्ञान ने भी उदाहरण के लिए अदृश्य इलेक्टोमेग्नेटिक तरंगों को दृश्य कर दिया है। यह उनके प्रति हमारा ऋण है। बिजली के लिए हम उनके ऋणी हैं। उसकी पूर्ति कैसे की जायेगी। उन्होंने जो अदृश्य को दृष्ट किया है, पर यह सब एक हठ के अधीन किया है। हठ यह था कि जितने भी जड़ पदार्थ हैं उनकी कार्य कारण प्रक्रियाएँ जड़ात्मक हैं, जड़ के भीतर ही हैं। (बिना हठ के शक्ति प्राप्त नहीं होती। तन्त्र में भी यही कहते हैं कि बिना व्रत लिए शक्ति प्राप्त नहीं होती) उन्होंने भी यह व्रत ले लिया और वे इसी हठ पर डटे रहे। एक मन और दृष्टि से। अगर किसी ने इस पर कोई प्रश्न उठाया, वे उससे लड़े-झगड़े। इसका परिणाम यह हुआ कि कई अदृष्ट दृश्य हो गये। इलेक्ट्रोमेग्नेटिज्म के कारण लोगों की दुनिया बदल गयी। कपड़े बदल गये, बालों को सँवारने के ढंग बदल गये। इसीलिए सारी दुनिया उनकी ऋणी है। इस ऋण को उतारे बिना हमारा भविष्य नहीं है। ऋण पूर्ति का

सबसे महत्त्वपूर्ण मार्ग यह है कि उस दृष्टि में जो त्रुटियाँ हुई हैं, उन्हें सुधारो। किसी को धिक्कारने की कोई आवश्यकता नहीं है। यह कार्य हो रहा है, बल्कि अपने आप हो जायेगा।

विभिन्न अन्तर्दृष्टियों के बीच के सहकार की जिस सम्भावना को आपने देखा है, उसके विषय में कुछ विस्तार से कहिये...

पश्चिम में पिछले डेढ़ सौ साल से, जबसे वे उपनिवेशवाद के विस्तार के कारण राजनैतिक रूप से महत्त्वपूर्ण हुए हैं, वहाँ यह विचार हुआ है कि विभिन्न धार्मिक सिद्धान्तों के बीच संवाद होना चाहिए। इस संवाद से कुछ समझ बन सकेगी। भारत में तो सभी सिद्धान्तों में आध्यात्मिकता सामान्य है। हेनोवर मेले के समापन पर एक बार इस तरह की बातचीत आयोजित हुई थी। मैं उसमें गया था। वहाँ यह प्रश्न उठा था कि विभिन्न धर्मों के बीच कैसा सम्बन्ध होना चाहिए? मैंने उसमें कहा था कि विभिन्न धर्मों के बीच जो सैद्धान्तिक मतभेद हैं, उनके द्वन्द्व को देखने से कुछ नहीं निकलेगा। दरअसल, समझने की बात यह है कि दुनियाभर की सभी धार्मिक परम्पराओं में दरअसल शिष्ट व्यक्ति को बनाने का प्रयास रहा है। शिष्टता के आधार पर ही ये विभिन्न मतभेद दूर हो सकते हैं। मैंने इस तरह का प्रस्ताव रखा था। शुरू में धर्मों के बीच संवाद की बात कही जाती थी। बाद में यह प्रस्ताव आया कि चूँकि विज्ञान में एक ख़ास क़िस्म की सहनशीलता है क्योंकि कितनी भी दृष्टियाँ हों, वहाँ उनके बीच समाधान हो जाता है। इसलिए अगर वैज्ञानिक दृष्टि स्थापित हो जाय, धर्मों के बीच के विवाद शान्त हो जायेंगे। दूसरे विश्वयुद्ध के बाद यह बात चलती रही है। इस वैज्ञानिक प्रस्ताव के साथ ही एक उदारवादी प्रस्ताव भी रखा जाता रहा है कि दुनिया ऐसी हो गयी है कि इसमें काले, पीले, हरे एवं नीले हर तरह के लोग इकट्ठा काम कर रहे हैं, इसलिए कुछ ऐसे नियम-कायदे बनाये जायँ, जिनसे ये सारे लोग आपस में व्यापार कर सकें और उनकी आस्थाएँ भी निजी स्तर पर बची रहें। अगर ऐसा हुआ तो सबके बीच तालमेल बन जायेगा। ऐसे मतभेद जो असमाधेय हैं, उन्हें घर तक ही सीमित रखा जाय, उन्हें सार्वजनिक होने से रोक लिया जाय। इस विचार में एक राजनैतिक त्रुटि बीस-तीस बरसों से दिख रही है। सार्वजनिक क्षेत्रों में यह आक्षेप लगते रहे हैं कि इनमें भी निजताओं का कब्ज़ा है, जैसे

ओसामा बिन लादेन ने यह कहा कि अमेरिका ईसाइयत है और ऐसा ही कुछ जार्ज बुश ने भी कहा कि वे इराक पर क्रूसेड कर रहे हैं। इसका आशय यह हुआ कि कोई भी ग़ैर निजी सार्वजनिक क्षेत्र नहीं है। सारी दुनिया में धार्मिक आस्थाओं पर आधारित राजनैतिक आन्दोलन हर जगह पर हैं। उदारवादियों का सार्वजनिक क्षेत्र के बरअक्स निजी क्षेत्र को रखने का प्रस्ताव विफल हो रहा है, इसलिए धर्मों के बीच के मतभेद को सुधारने का उदारवादी रास्ता भी सफल होता नहीं दीखता।

इस परिप्रेक्ष्य में यह विचार करना आवश्यक हो गया है कि क्या चीज़ हो सकती है, जो दीर्घकाल तक चले ? सभी समाजों के लोग यह समझते हैं कि समाज में सम्प्रभुता के सृजन में शिष्टता हो। अशिष्ट व्यवहार की आलोचना हर जगह है। हर समाज में शिष्ट व्यक्ति बनेगा, वह उस समाज की नैतिक बुनावट को सम्भाल कर रखता है। वह उदाहरण बन जाता है। हमारे यहाँ मर्यादा पुरुषोत्तम की धारणा में यही मिलता है। अरबी में यह बात अदब में आ जाती है। अशोक आदि में भी यह बात मिलती है और यूनानी परम्परा में यूसेबिया की धारणा में भी यही बात है जहाँ ऐसे व्यक्ति की बात की जाती है, जिसके कृत्यों में अन्यों के प्रति सम्मान हो। किसी भी सम्प्रदाय में चाहे जो सैद्धान्तिक आधार हों, शिष्टता का सम्मान अवश्य होता है। अगर शिष्ट व्यक्ति हों, तो सैद्धान्तिक मतभेदों से जो अन्याय हो सकते हैं, वे रुक सकते हैं। इसका आधार हम सनातन परम्परा में से, विशेषकर मीमांसा शास्त्र से दे सकते हैं। उसके अनुसार मानवीय कर्म का विश्लेषण करने से शिष्टता का बोध उत्पन्न किया जा सकता है। मेरे उस लेख में वैशेषिक शास्त्र का सिद्धान्त प्रस्तावित है। यूरोप में शिष्टता को समझने के लिए दो तरह की बातें की जाती हैं। पहली बात यह है कि व्यक्ति को सद्गुण सम्पन्न होना चाहिए। सद्गुणी के हाथ में ही राजनैतिक व्यवस्था होनी चाहिए। यहाँ सद्गुणी और सद्भाव सम्पन्न तानाशाह के बीच कौन-सी विभाजक रेखा है, यह स्पष्ट नहीं है। दूसरी ओर है क़ानूनी व्यवस्था में विश्वास : अनुबन्ध के सिद्धान्त के अनुसार भी यह स्थिति है, 'मैं आपको नहीं मारूँगा, आप मुझे मत मारो।' अगर ऐसा होता है, हम एक-दूसरे के प्रति शिष्टता बनाये रख सकते हैं। आधुनिकता में शिष्टता के इस तरह दो आधार परिकल्पित किये गये। एक सद्गुण की नैतिकता और दूसरी क़ानूनी व्यवस्था। यूरोप और अमरीका में क़ानूनी व्यवस्था के

अन्तर्गत सभी लोग एक-दूसरे से शिष्ट व्यवहार करते हैं। पर, वह बड़ा उथला जान पड़ता है। क्या इन दोनों ही तत्त्वों को हटाकर शिष्टता का कोई आधार हो सकता है? मुझे लगा यहूदियों, मुसलमानों और सनातनियों के यहाँ इसका आधार है, जो न सद्‌गुण पर टिका है और न क़ानून पर। मैंने उसको बताने की कोशिश की है। उसे हम इस तरह देख सकते हैं : कार्यान्त में शरीर आता है, कार्य के आरम्भ में अन्त:करण होता है। जिसमें संकल्प और प्रयोजन आदि होते हैं, पर कार्य के अन्त में शरीर आ जाता है। इसके बग़ैर क्रिया का अनुष्ठान नहीं हो सकता। क्रिया की समाप्ति पर उसके फल की सृष्टि हो जाती है, उसका असर अलग-अलग लोगों पर भविष्य में होता है। इसमें समय का एक अन्तराल आता है। जब भी आप कोई क्रिया करते हैं, उसका फल किसी और परिस्थिति, देशकाल में होता है। वह तुरन्त नहीं होता। इसके कारण अन्तर्विरोध उत्पन्न हो जाते हैं, किसी को किसी की क्रिया बुरी लग सकती है। यह अन्तर्विरोध किस आधार पर सुलझाये जा सकेंगे? अगर आप यह मान लें कि इनमें से कुछ अन्तर्विरोध कभी और कहीं और सुलझे थे। आप एक वैचारिक प्रयोग करें कि जब-जब और जहाँ-जहाँ भी न्याय हुआ, जिस किसी समय में, जिस किसी जगह पर उन सबको एकत्र कर लें। अगर हम एक ऐसा समुच्चय बनाते हैं, हम पाएँगे जो न्याय एक जगह हुआ वह दूसरी जगह हुए न्याय से अलग था। इसी तरह दो अलग समयों में हुए न्याय भी अलग होंगे। मैंने यह प्रश्न उठाया कि किस परिस्थिति में न्याय अभिन्न हो सकता है? अगर दो बातें स्वीकार कर ली जायँ, तो यह समुच्चय अभिन्न बना रहता है। एक तो यह कि ऐसा कोई अन्तर्विरोध या विवाद नहीं है, जिसमें आप सैद्धान्तिक स्तर पर न्याय नहीं कर सकते हों यानी ऐसा कोई विवाद नहीं हो, जो सुलझाया न जा सके। इसका अर्थ यह है कि कोई भी स्थिति आत्यन्तिक रूप से त्रासद नहीं है। सारी त्रासदियाँ अन्तरिम हैं। अगर ऐसा एक भी विवाद है जो आत्यन्तिक रूप से असमाधेय है और चूँकि विवादों में यह गुण होता है कि वे एक से दूसरे में प्रविष्ट हो जाते हैं, इसलिए एक विवाद की यह असमाधेयता सभी विवादों में प्रविष्ट हो जायेगी और तब ऐसा एक भी विवाद नहीं होगा जो समाधेय हो। इसलिए एक परासिद्धान्त के तहत आपको यह मानना ही होगा कि सभी विवाद सिद्धान्तत: समाधेय हैं। आप भले ही व्यवहारत: उनके बीच न्याय न कर सकें। इसी से जुड़ा हुआ एक और सिद्धान्त आपको मानना होगा कि किसी भी विवाद के पीछे

की परिस्थिति और कथ्य ज्ञेय है क्योंकि अगर कोई पूरी तरह से गुप्त कर्म है और वह विवाद उत्पन्न कर रहा है, आप उसका समाधान नहीं कर सकते। इसलिए दूसरा सिद्धान्त यह है कि ऐसा कोई कर्म नहीं है, जो आत्यन्तिक रूप से गुप्त हो। अगर ऐसा एक भी कर्म है, जो आत्यन्तिक रूप से गुप्त है, तो आप किसी भी विवाद में न्याय नहीं कर सकते। अगर ये दो परासिद्धान्त स्वीकृत होते हैं यानी अगर यह स्वीकृत होता है कि सभी विवादों में न्याय सम्भव है और सभी कर्म ज्ञेय हैं, तो जिस समुच्चय की हम बात कर रहे हैं वह अन्तर्विष्ठ हो सकता है। वह अन्तर्विष्ठ कैसे होगा? अगर कोई ऐसा विवाद है, जिसका समाधान नहीं हो पाया है, तो कहीं और ऐसा कोई विवाद अवश्य होगा, जिसमें इसका समाधान होगा और चूँकि वे एक ही प्रवृत्ति के द्योतक होंगे, विवादों के समुच्चय में अन्तर्निष्ठता आ जायेगी क्योंकि यह समुच्चय सार्वभौमिक है। मीमांसा की दृष्टि से हम यह कहते हैं कि हर कर्म के पीछे कुछ विधियाँ होती हैं, उन्हीं से वह घटित होता है और उन्हीं से वह समझ में आता है। इसी तरह विवादों के समाधान के पीछे भी विधियाँ हुआ करती हैं। इसीलिए उक्त समुच्चय के भीतर ऐसी विधियाँ होनी चाहिए, जिनकी संगति इस समुच्चय के दोनों सिद्धान्तों से हो : हर विवाद समाधेय है और कोई भी कर्म पूरी तरह गुप्त नहीं हो सकता। ये वो विधियाँ नहीं होंगी जो किसी विशेष व्यक्ति ने तैयार की हों। ये विधियाँ किसी भी व्यक्ति से स्वायत्त होनी चाहिए। ये विधियाँ कालबद्ध भी नहीं होनी चाहिए। इन्हें अनादि होना चाहिए। दूसरे शब्दों में, ये विधियाँ अपौरुषेय और अनादि होनी चाहिए। अपौरुषेय और अनादि विधियों की संहिता को वेद कहा जाता है। इस तरह इस समुच्चय की विधियों से वेद बन जाते हैं। यह वेद हर व्यक्ति में स्वायत्तः उपलब्ध हैं। न्याय और विवाद के प्रश्नों में यह पाया गया है कि कोई भी किसी को भी यह बता नहीं सकता कि न्यायसंगत क्या है? अगर आप किसी को यह बताने की कोशिश भी करेंगे, तो वह ऊपर से तो मान जायेगा, पर भीतर ही भीतर वह अपनी बात को रखे रहेगा। यह बात आप किसी को नहीं बता सकते, बच्चों को भी कि क्या उचित है, क्या अनुचित है? बाक़ी सारी बातें बतायी जा सकती हैं, यह बात ज्ञान से परे है। उचित और अनुचित का बोध ही उक्त समुच्चय का बोध है। इसीलिए यह समुच्चय हर व्यक्ति को स्वायत्तः उपलब्ध है औचित्य के रूप में। यहाँ तक कहा जा सकता है कि व्यक्ति की स्वायत्तता अगर

परिभाषित की जाती है, तो वह इसी समुच्चय के होने के कारण है। जैसे कोई कहता है मेरा शरीर वही है, बचपन से अब तक, इसलिए निज शरीर के कारण मैं स्वायत्त हूँ या कोई यह कहे, मेरी आत्मा आपकी आत्मा से अलग है, इसलिए मैं आपसे अलग और स्वायत्त हूँ, कोई यह कहे, मेरे कर्म की व्यवस्था अलग है, आपकी अलग, इसलिए मैं स्वायत्त हूँ। पर, यदि स्वायत्तता का एक अर्थ शक्ति का स्रोत भी है, तो वह इसी में है कि आपको उचित और अनुचित का सर्वथा अद्वितीय विवेक उपलब्ध है। फिर उस विषय में लोग चाहे जो कहें। अगर कोई व्यक्ति इस स्वायत्त विवेक के सजग होते हुए कोई भी कर्म करता है, वह उचित होगा। तब विवाद की सम्भावना नहीं है। पर, ऐसा होता है कि लाघव के कारण यानी किसी विशेष फल की प्राप्ति के लिए व्यक्ति अपनी स्वायत्तता का उपयोग नहीं करता, वह उसे दूसरों पर छोड़ देता है। पर, जब वह उसे दूसरों पर छोड़ता है, उसकी यह स्वायत्तता, जिसे उसने दूसरे के सामने समर्पित किया है, उस दूसरे में जाकर टिक जाती है। हन्ना ऐरेंड ने क्रान्तिकारी की एक अनूठी परिभाषा दी थी : क्रान्तिकारी वह है जो यह जानता है कि कब शक्ति सड़कों पर बिखर गयी है ताकि वह उसे ग्रहण कर सके। प्रभुता का जन्म इसी तरह होता है, जब आपके स्थान पर कोई और आपका निर्णय लेता है। प्रभुता-सम्पन्न व्यक्ति वह है जो अन्यों के औचित्य-अंश को ग्रहण कर लेता है और जो उक्त समुच्चय तक पहुँचने के मार्ग को जानता है इसीलिए लोग उसके पास जाते हैं। उससे पूछते हैं कि यह विवाद है, इसे कैसे सुलझाया जाय? चूँकि व्यक्ति स्वयं निर्णय नहीं ले पा रहा होता, इसलिए वह अपनी स्वायत्तता, प्रभुता-सम्पन्न व्यक्ति को सौंप देता है। शक्ति के केन्द्रों का निर्माण इसी तरह होता है। अगर आप यह सर्वेक्षण करें कि किस तरह के कार्यों में आप अपने औचित्य की स्वायत्तता का समर्पण करते हैं, आप पाएँगे कि उदाहरण के लिए आप वित्त विषयक निर्णय अन्यों पर छोड़ देते हैं : इससे वित्त पीठ बन जाती है। जब आप यह निर्णय कि बच्चों को क्या सिखाना है या किन कौशलों में दक्ष करना है? आदि शिक्षकों पर छोड़ देते हैं, तब यह अधिकार शिक्षकों के पास चला जाता है और विद्यापीठ या संस्कृति पीठ बनते हैं। दण्ड देना भी जब अन्यों पर छोड़ दिया जाता है, तो इससे राजपीठ बनती है।

इसी तरह आपको द्वन्द्वों से कैसे निपटना है? इसका दायित्व जब आप

अन्यों पर छोड़ देते हैं, इससे धर्मपीठ तैयार हो जाती है। ये कुल मिलाकर चार पीठें हैं। इन्हें ही चतुर्वण कहा गया है। इस व्याख्या में सारी शब्दावली मीमांसा की नहीं है, आधुनिक भी है, पर इससे यह सब निकल आता है। इन पीठों के पीठाधिकारी का यह दायित्व है कि जिन लोगों ने भी उसके आगे अपनी स्वायत्तता समर्पित की है उनकी ओर से वह विवेकपूर्ण निर्णय ले, न्यायपूर्ण निर्णय ले। एक विधि 'शरणागत रक्षते' की है। वह यहाँ भी लागू होती है, जैसे मैंने पहले कहा। जो भी आपकी शरण में आ रहा है, आपको उसकी रक्षा करनी है। अगर पीठाधिपति यह सोचे कि मुझे अपनी रक्षा करनी है, तो वह राक्षस प्रवृत्ति का पालन कर रहा है। यही कुछ आधुनिक राजनैतिक व्यवस्थाओं में हो रहा है। यह पहले भी हुआ है। राक्षसों और देवताओं का संघर्ष अन्त:करण में हमेशा से होता रहा है। इसकी परिस्थितियाँ बदलती रहती हैं, समय बदलता रहता है, जैसे पहले कृतियुग हुआ, फिर त्रेता, फिर द्वापर और कलियुग। इस बदलाव के कारण तासीर बदल जाती है। समय या युग का बदलना भूकम्प आने जैसा कुछ है। तब शेषनाग करवट ले रहा होता है। परम्परा तब बनती है जब नूतनत्व में नित्यता का आभास उत्पन्न हो। इस तरह ये चार पीठें बनती हैं, ये शक्ति के केन्द्र हर समाज में हैं और यह उसी तरह समाजों में स्वभाविक रूप से रहते हैं जैसे आग में तेज। इन पीठों में ही विधायक शक्ति होती है। ये शक्तियाँ विधान करती हैं कि उदाहरण के लिए यह चीज़ इतने में बेची या खरीदी जायेगी आदि। इन पीठों के या शक्तियों के संयोजन से राजनैतिक व्यवस्था तैयार हो जाती है। यहाँ एक विचार यह है कि हर व्यक्ति सार्वभौमिक स्तर पर न्याय कर सकता है। (मीमांसा में यह विचार आता है) इसीलिए उसे ईश्वर की आवश्यकता नहीं होती। चूँकि हर व्यक्ति की सीमाएँ हैं, उसका शरीर सीमाबद्ध है इसलिए उसे दूसरे पर भरोसा करना होता है, उसे कुछ चीज़ें दूसरों पर छोड़नी पड़ती हैं। यह नैसर्गिक है। शक्ति के स्वरूप इस तरह अपने आप बनते रहते हैं। देखा जाय, तो विभिन्न समुदाय इसी तरह शक्ति का साझा करने से बने हैं। यहाँ भी किन्हीं लोगों ने अपनी शक्ति कुछ लोगों को सौंप दी है। अगर कल वे लोग चाहेंगे तो अपनी शक्ति वापस भी ले सकते हैं। ऐसा होता रहा है। सोवियत संघ लम्बे समय तक अपराजेय जान पड़ता रहा था। पर वह चुटकी में गिर गया। न्याय करने की यह सार्वभौमिक सामर्थ्य न्याय की आत्यन्तिक सम्भावना पर आधारित है। यह दो सिद्धान्तों पर टिकी है :

सारे विवाद समाधेय हैं और सारे कर्म ज्ञेय हैं। इस प्रारूप में अन्याय एक पंक्ति में परिभाषित है : न्याय करने के स्थान की अनुपलब्धि। यह मुँह मोड़ने जैसी बात है कि आप उस ओर देखें तक नहीं, जहाँ न्याय हो सकता है, आप ऐसी परिस्थिति न बनने दें कि न्याय हो सके। क्योंकि परिस्थिति के कारण ही कोई अपने न्याय करने के अधिकार की स्वायत्तता को समर्पित करता है और ऐसी परिस्थिति ही न बनने दी जाय कि न्याय हो सके। पर, ऐसे अन्याय के रूप भी हैं, जहाँ आप उसका कथ्य नहीं जानते क्योंकि ज्ञान भी परिस्थितियों से सीमित रहता है। पता ही नहीं चल पाता कि क्या चल रहा है? यह इसलिए होता है क्योंकि न्याय की सार्वभौमिकता की चेतना का अभाव हो जाता है। इसके अलावा अन्याय का और कोई तीसरा कारण नहीं है। पर, न्याय का प्रश्न बड़ा पेचीदा है और उसके लिए आपको शक्ति केन्द्रों को देखना होता है, यह देखना होता है कि ये कैसे बने? और इनके व्यवहार का परीक्षण करना होता है। इस परीक्षण को ही हम नीति कहते हैं, जैसे राजनीति राज–काज का परीक्षण करने की प्रक्रिया को कहा जाता है। धर्मनीति धर्म पीठों का परीक्षण करती है। अर्थनीति वित्त पीठ का परीक्षण है। यह प्राथमिक विमर्श है और इसमें जो सामूहिक हित है वह साहित्य है, कविता आदि इसी विमर्श के तहत आ जाते हैं। इसी में विमर्श और कर्म दोनों आ जाते हैं। आदमी इसी सोच–विचार में रहता है कि उसके कर्म की रचना किस तरह हो? उसके दिमाग़ में यही चलता रहता है कि मैं ऐसा करूँ या वैसा? परिस्थितियों की सीमाओं में रहकर वह रास्ता खोजता है। यह हर समाज में चला करता है। यह सिर्फ़ भारतीय समाज में ही नहीं चल रहा। यहाँ यह चल रहा है कि न्याय की सार्वभौमिकता है या नहीं। पश्चिम में भी, भले ही भूलवश, न्याय की सार्वभौमिकता का स्वीकार दिखायी देता है। यूथिफ्रो का सुकरात से एक संवाद है, जिसमें एक ऐसी विडम्बना का बखान है, जिसने पश्चिम को दो हज़ार वर्षों तक उद्वेलित किया है। संवाद में यूथिफ्रो से यह प्रश्न पूछा जाता है कि शिष्ट कर्म क्या है? सुकरात पर अशिष्ट व्यवहार का आरोप लगा और वह कचहरी गये। वहाँ यूथिफ्रो आया, उसने कहा, 'मैं अपने पिता पर आरोप लगाने आया हूँ।' सुकरात उससे यह कहते हैं कि अगर उसके पिता ने उसे यह सिखाया है कि क्या अशिष्ट है और क्या नहीं और अगर वह उन्हीं पर आरोप लगा रहा है, इसका अर्थ है कि उसे पता है कि शिष्ट व्यवहार क्या है? सुकरात यूथिफ्रो से कहते हैं कि वह उन्हें अपना शिष्य बना ले और

उसे बताये कि शिष्ट व्यवहार क्या है? हुआ यह था कि एथेंस नगर से बाहर यूथिफ्रो के पिता ने एक स्वतन्त्र व्यक्ति को काम पर रखा था, उसने एक दास की शराब पीकर हत्या कर दी। यूथिफ्रो का पिता भी वहीं था। यह घटना नगर राज्य से बाहर हुई थी। (दास नगर राज्य का ही सदस्य हुआ करता था।) यूथिफ्रो के पिता ने उस स्वतन्त्र व्यक्ति को बाँधकर एक गड्ढे में डाल दिया और अपना एक सन्देशवाहक एथेंस नगर यह जानने भेजा कि इस स्वतन्त्र व्यक्ति को क्या दण्ड दिया जाय (स्वतन्त्र व्यक्ति नगर राज्य का सदस्य नहीं होता था और यूथिफ्रो के पिता को नगर राज्य से बाहर के दण्ड-विधान का बोध नहीं था।) ? जब सन्देशवाहक लौटा, तब तक वह स्वतन्त्र व्यक्ति गड्ढे में बँधा हुआ मर गया। यूथिफ्रो का अपने पिता पर यह आरोप था कि उन्होंने उस स्वतन्त्र व्यक्ति को पहले ही मृत्यु दण्ड दे दिया था क्योंकि उन्होंने उसके साथ ऐसा व्यवहार किया था कि उसके प्राण नहीं बच सके। यूथिफ्रो के अनुसार यह अशिष्ट कर्म था, इसलिए वह न्यायालय आया था। सुकरात ने उससे कहा कि वह उसे यह समझा दे कि शिष्ट क्या है? क्योंकि उस पर ख़ुद अशिष्टता का आरोप लगा था। अगर उससे पूछा जाता कि शिष्ट क्या है? वह यह कह सकता था कि शिष्ट व्यवहार यह है या वह है और आग्रह करता कि इस विषय में उसके गुरु यूथिफ्रो से पूछ लिया जाय। इस पर यूथिफ्रो ने कहा कि शिष्ट व्यवहार वह है जो देवताओं को प्रिय है। सुकरात बोले, 'इस वाक्य का परीक्षण करते हैं।' वे बोले कि कोई चीज़ कुछ देवताओं को प्रिय है, कोई और चीज़ किन्हीं और देवताओं को प्रिय है, ऐसे में तो देवताओं के बीच झगड़ा हो जायेगा। इस पर यूथिफ्रो बोला कि मैं अपना वाक्य सुधार लेता हूँ, 'शिष्ट व्यवहार वह है, जो सभी देवताओं को प्रिय हो।' इस पर सुकरात फिर प्रश्न करता है और इस तरह शिष्टता की पाँच परिभाषाएँ निकलती हैं। ये सुकरात के शुरुआती संवादों में है और इसका अन्त यूथिफ्रो के सुकरात से यह कहने में होता है कि मुझे माफ़ करो, मुझे और काम भी करने हैं। इस संवाद के दौरान सुकरात पूछता है कि कोई व्यवहार शिष्ट है, इसलिए देवताओं को प्रिय है या चूँकि वह व्यवहार देवताओं को प्रिय है, इसलिए वह शिष्ट है। इस पर यूथिफ्रो कहता है कि तुम मुझे घुमा रहे हो, पर, तुम्हारी बात ठीक है। मैं इसका जवाब देता हूँ। दरअसल शिष्टता है, इसलिए देवताओं को प्रिय है। देवों को प्रिय है, इसलिए शिष्टता है, ऐसा नहीं है। संयोग से अशोक के अभिलेखों में

शिष्टता के लिए वही शब्द प्रयुक्त हुआ है, जो इस संवाद में है : यूसेबिया। इसी शब्द के लिए अन्य अभिलेखों में धर्म शब्द का प्रयोग किया गया है। आन्ध्रप्रदेश में अशोक का एक अभिलेख मिला है, जिसमें अशोक ने स्वयं को 'देवानां प्रिय:' लिखा है। यह वाक्य वहीं से आया है। सुकरात से संवाद में यूथिफ्रो यह भी कहता है कि यह ठीक है कि शिष्ट व्यवहार देवताओं को प्रिय है पर वह न्याय (जस्टिस) के अधीन है। यूनानी मिथक विद्या के अनुसार यूसेबिया लोमोस की पत्नी है और उसकी सन्तान डाईक है, जिसका आशय न्याय (जस्टिस) है। सुकरात यह पूछता है कि आप यह कह रहे हैं कि शिष्टता देवताओं को इसलिए प्रिय है क्योंकि उससे न्याय होता है, तब क्या चीज़ बड़ी है, न्याय या शिष्टता ? यूथिफ्रो उससे कहता है कि इस छोटे-बड़े से तुम्हारा क्या मतलब है ? सुकरात जवाब देता है कि ऐसा होता है। चूँकि भय है, इसलिए न्याय होता है, इसलिए भय के कारण ही वह शिष्ट है। अब प्रश्न यह है कि भय बड़ा है या शिष्टता ? यूथिफ्रो कहता है, यह बात ठीक है क्योंकि शिष्ट व्यक्ति को यह लगता रहता है कि वह कहीं ग़लत काम न कर जाय। उसको भय है, इसीलिए वह शिष्ट है। इस पर सुकरात कहता है कि मनुष्य बीमारी या अकाल से डरता है, पर इसलिए वह उनका सम्मान नहीं करता, इसलिए यह नहीं कहा जा सकता कि भय है, इसलिए शिष्टता है। भय शिष्टता से अधिक व्यापक है। यह सच है कि शिष्टता में भय होता है, पर भय अन्यत्र भी है और वहाँ सम्मान या शिष्ट व्यवहार नहीं होता। इसलिए उन अन्य चीज़ों के प्रति भी आपमें सम्मान नहीं होगा। तब यह बताइए कि न्याय बड़ा या शिष्टता ? यूथिफ्रो कहता है, न्याय बड़ा है। ऐसे शिष्ट हो सकते हैं, जिनसे न्याय हो रहा हो या न हो रहा हो। यहाँ आकर यह संवाद अटक जाता है। मैं इस अटकन को दूर करने की कोशिश कर रहा हूँ। न्याय मीमांसात्मक होता है, पर नसीहतों के आधार पर नहीं होता, इसके कुछ परासिद्धान्त होते हैं। यह एक प्रवृत्ति है कि सभी विवाद समाधेय हैं। इस प्रवृत्ति के कारण विवाद होते ही लोग उसे सुलझाने में तुरन्त जुट जाते हैं, वे उसे भले ही न सुलझा पाएँ। यह समाधान मीमांसा में इस तरह है कि आपके पास मीमांसात्मक ज्ञान इस तरह उपस्थित है कि जो भी जिस विधि से काम कर रहा है, आप संहिता एकत्र कर लो और उन विधियों में अपौरुषत्व देखो (यह देखो कि उनमें किसी का स्वार्थ न हो)। उनके भीतर उन सबका अनादित्य देखो, यानी वह तत्त्व देखो जो चिरकाल से चला आ रहा हो।

इनकी स्मृतियाँ ही पीठों में चल रही हैं। अनुष्ठित वेद (ऋग्वेद, सामवेद आदि) का अनुष्ठान हो चुका, पर वेद गुफ़ा में ही हैं। वेदों को पढ़ने भर से कुछ निकलता नहीं है। आप विधियों की सूची भी नहीं बना सकते। बहुत लोगों ने इसकी कोशिश भी की है। लोगों को दार्शनिक अवधारणाएँ समझ में नहीं आयीं। वे सिर्फ़ यह देखते रहे कि किन कवियों ने कौन-से देवताओं का ज़िक्र किया है। इसी सबका लोग विश्लेषण करते रहे। आर्य समाजियों और भारतविदों ने यही सब किया है। दरअसल, अनुष्ठित वेद तो वेद का शरीरभर है। मीमांसक इसे अर्थवाद कहते हैं। निश्चय ही उसकी स्मृति बनाये रखना एक विशेष कार्य है। उसका उच्चारण भी वही का वही बनाये रखा गया है। यह भी एक महत्त्वपूर्ण कार्य था, जिसका सम्मान होना चाहिए।

वेद क्या है? वह नहीं जो मुद्रित कर दिया गया है। वेद तो हर मनुष्य के अन्दर टिका हुआ है, वह मनुष्य टिम्बकटू का हो या और कहीं का। चाहे वह अफ़लातून हो या सुकरात या किसी भी समाज का सदस्य हो। उसकी कल्पना से यह समझा जा सकता है कि समाज की सृष्टि कैसे हुई है और उसका चलन आदि कैसा है? आधुनिक समय में यह जो वेद की समझ बनी है कि उसे मोतीलाल बनारसीदास की दुकान से ख़रीदा जा सकता है, ग़लत है। वेद वह है, जो 'श्रुत' हो। आपके दिमाग़ में अपने आप आ जाय। वे क्या विषय हैं, जिनमें श्रुति की आवश्यकता होती है? वे दरअसल, विवादों के समाधान हैं। वे स्मृतियों से आते हैं। स्मृतियों का अर्थ होता है इतिहास, पुराण इत्यादि और नियम-कायदे, विधान आदि। इनसे विधियों का बोध होता है। लोककथाएँ आदि कहकर यही बोध एक दूसरे तक जाता है। यह बात सम्प्रेषित होती है कि क्या उचित है, क्या नहीं? हर व्यक्ति इसमें सक्षम है बल्कि यही एक चीज़ है, जिसमें हर व्यक्ति सक्षम है। जो व्यक्ति अपना हाथ-पाँव भी नहीं हिला सकता, जो और कुछ करने की सामर्थ्य नहीं रखता, उसमें भी यह औचित्य बोध होता है।

इसके आधार पर हम धर्मों के बीच के विवादों को सुलझा सकते हैं।

वेद का अर्थ न्याय की आतुरता और बोध की ओर प्रवृत्ति है, यह हर जगह है। क्रियाओं के जो फल, कर्म इत्यादि होते हैं, वे उसके कर्त्ता के मरने के बाद भी बचे रहते हैं। आप कहते हैं, वे यह करते थे, वह करते थे। व्यक्ति का व्यक्तित्व उसके मरने के बाद भी रह जाता है। हर व्यक्ति के दो जन्म

होते हैं : एक माँ की कोख से, दूसरा लोगों के मनों में, जहाँ वे लोगों की स्मृतियों में रहते हैं। यह अलग-अलग तरह के लोग अलग-अलग तरह से करते हैं। हर मनुष्य द्विज है। हर दलित द्विज है। क्या कोई ऐसा कार्य है, जिसकी सज़ा आपकी सन्तानों तक को मिले, क्या ऐसा कोई अपराध है? इसका पहला जवाब तो यही है कि सभी अपराध ऐसे ही हैं। शर्म के मारे ही सन्तानों को सज़ा हो जाती है। सन्तानों की सन्तानों को भी यह भोगना पड़ सकता है। यह तीन-चार पीढ़ियों तक चल सकता है। भारत में यह मान लेते हैं कि कुछ विवादों की सज़ा चिरकाल तक रहती है। यह स्मृतियों में लिखा है। ऐसा मान लिया जाता है कि कुछ व्यक्ति द्विज नहीं हैं। सिद्धान्त तो यह कहता है कि हर व्यक्ति द्विज है फिर इसका क्या अर्थ हुआ कि आप यह कहें कि कुछ व्यक्ति द्विज नहीं हैं? अगर कोई अकेला आदमी कहीं दूर दराज एकान्त में किसी झाड़ के नीचे मर भी जाता है, तब भी वह इसलिए द्विज है क्योंकि आपकी स्मृति में वह अकेला रहकर सड़क के किनारे मरा है। इस तरह वह सम्मान का पात्र हुआ। वह स्मृति-कथा का पात्र हो गया।

कोई ऐसा कार्य नहीं है जिनकी परलोक में कोई छवि नहीं बनती। परलोक का विचार भी दिलचस्प है। धर्मराज के हिसाब-किताब को रखने का कार्य चित्रगुप्त का है। जैसे ही कोई व्यक्ति वहाँ पहुँचता है, चित्रगुप्त तुरन्त उसके कर्मों का हिसाब-किताब दिखा देता है। उसकी पत्नी का नाम छाया है। भू-लोक में जो कार्य किया गया है, उसका फलरूप परलोक में बनी छाया होती है। जो द्विज है, उसका एक कर्म शरीर है, उसकी कर्मेन्द्रियाँ हैं और उसके कर्मों की जो छायाएँ परलोक में बनती हैं, उनमें कर्मेन्द्रियाँ नहीं हैं। वहाँ भी आप वही हैं, पर आपकी कर्मेन्द्रियाँ नहीं हैं। अगर उसे कर्मेन्द्रियाँ चाहिए, उसे अभिनेता की आवश्यकता होगी, जो उसे अपना शरीर दे दे। जो भी परलोक से आता है, उसका शरीर नहीं होता। इस स्थान पर मैं नाट्यशास्त्र की व्याख्या का उपयोग करता हूँ। दो जगह कला की उत्पत्ति की कहानी मिलती है, जो परलोक की धारणा से बड़ी ही ख़ूबसूरती से निकलकर आती है। ऐसे चरित्र, जिन्हें पैदा होना बाक़ी है, उन्हें शरीर चाहिए, कर्मेन्द्रियाँ चाहिए, प्रकट होने के लिए। ऐसा ही कुछ सलमान रुश्दी ने भी कहा है : एक रजत पट है, जिसके पीछे वे लोग हैं जिन्हें अभी पैदा होना है। बेटमैन जैसे चरित्र से आक्रोश होना अनुचित है, यह एक

ऋणी व्यक्ति का अशिष्ट व्यवहार है। उसके चरित्र का विश्लेषण करना, उसका जातक निकलना आदि उचित है, इससे ऋण पूरा होगा। 'चित्र लक्षण' में भी यही क़िस्सा आता है। जब राजा भयजित का यमराज से युद्ध हो चुका, ब्रह्मा आये और उन्होंने कहा कि हम मर चुके बच्चे को उसी शरीर में वापस नहीं दे सकते, पर यह सम्भव है कि किसी दूसरे शरीर में उसे लौटा दें। दूसरे शरीर का आशय है, कैनवास पर रंगों का बना शरीर। उसे ऐसे बनाओ कि मैं उसमें प्राण फूँक सकूँ। यहीं से चित्रकला, मूर्तिकला शुरू हुई। उन्होंने विश्वकर्मा से यह कार्य भयजित को सिखवा दिया। इस तरह उस मृत बच्चे का शरीर भिन्न हो गया, तब भी उसका चरित्र वही रहा। इसी जगह आकर अनुकृति का सृजन हुआ। लोक में वही चीज़ कृति रही और परलोक में अनुकृति का जन्म हुआ। परलोक यानी स्मृति। ऐसा कहना कि कोई व्यक्ति परलोक जायेगा ही नहीं, रूपकात्मक हो सकता है, सत्य नहीं। पुराने ज़माने में कुछ ऐसे लोगों की कल्पना की जाती थी, जो अपने कुकर्मों के कारण अद्विज हो जाते थे, आधुनिक काल में अँग्रेज़ों के आने के बाद इन्हें ही दलित कहा जाने लगा। अँग्रेज़ों के झूठे इतिहास में ये अद्विज चिरकाल से सताये गये दलित बन गये हैं और इसी तरह जाति प्रथा बन गयी, बिल्कुल स्थिर ठहरी हुई। पर सच्चाई यह है कि हमारे यहाँ ठहरा हुआ कुछ नहीं था। हमारे यहाँ तो पारिवारिक स्मृति सात जन्मों से पहले जाती नहीं है। अँग्रेज़ों के यहाँ यह इससे कहीं अधिक है। काशी में यह मशहूर है कि अगर वहाँ कोई स्वर्ग सिधारने पण्डित आ जाय, तो उसका पाण्डित्य तीन पीढ़ियों से अधिक का नहीं होता। काशी धूर्तों और मूर्खों के लिए प्रसिद्ध है क्योंकि काशी में जिसका स्वर्गवास हुआ है, उसका कौशल तीन पीढ़ी से अधिक रहता ही नहीं है।

वह धूर्त या मूर्ख में परिवर्तित हो जाता है...

फिर वे अपने बड़े पण्डित होने का स्वांग करते हैं, यही धूर्तता है। इसीलिए उनकी भाषा में दम्भ ही दम्भ है। वहाँ जो शिष्ट लोग मरे, वे स्वर्ग चले गये, पर जो सक्रिय हैं, वे तो यही धूर्त हैं। वे छाती खोलकर बड़ी-बड़ी बातें करते हैं। यही बनारस का चरित्र है। हमारे यहाँ तीन से सात पीढ़ियों से अधिक की पारिवारिक स्मृति नहीं है, अँग्रेज़ों की थी। वे अपने को बारहवीं सदी के नार्मन विजय से जोड़ते हैं। इन नौ सौ वर्षों में जाने कितनी

पीढ़ियाँ हो गयी होंगी। क़रीब पच्चीस या तीस या शायद उससे भी ज़्यादा होंगी। इसीलिए उन्होंने भारतीयों के विषय में भी इसी तरह सोचा और दलित और सवर्ण उत्पन्न कर दिये, जो बाद में सचमुच उसी तरह व्यवहार करने लगे। दरअसल, अद्विजों के अपराध की कोई स्मृति नहीं है क्योंकि तीन पीढ़ी से अधिक की यहाँ पारिवारिक स्मृति नहीं रहती। बल्कि उससे पहले ही लोग अच्छे काम करके अपने को मुक्त कर लेते हैं। कलंक से बाहर निकल आते हैं। यह एक तरह का प्रायश्चित हो जाता है। ऐसा प्रायश्चित जो तीन पीढ़ियों से अधिक हो, नहीं होता। यह प्रायश्चित भी सामूहिक रूप से होता था। हमारे यहाँ 'सामाजिक' शब्द सबसे पहले नाट्यशास्त्र में आया है। वह दर्शकों के लिए प्रयुक्त हुआ है, समाज वह है, जो साथ-साथ उठता है और गिरता है, ज्योतिष में भी यह शब्द आता है, जब सभी ग्रह एक पंक्ति में आ जाते हैं, उसे 'समाज' कहा जाता है।

आपने हर व्यक्ति में वेद होने की बात की है, इस विचार को सामी दृष्टि ने किस हद तक स्वीकार किया या किस हद तक उसके कारण इसके विस्तार में हस्तक्षेप हुआ?

वे लोग 'घटना' वाले लोग हैं। उनकी दृष्टि में एक अद्‌भुत घटना घटी, जिससे मर्यादा पुरुषोत्तम पैदा हो गये। यह मर्यादा का धर्म-पुरुष था। बाक़ी लोग इसकी तुलना में गिरे हुए हैं, इसलिए वे धर्मपुरुष का पौंछा पकड़ लेते हैं। उनके अनुसार वेद की समझ धर्मपुरुष के पास है। उसका अनुसरण करने से शिष्टता प्राप्त हो जाती है। कलंक का निवारण हो सकता है, आप धर्माचरण कर सकते हैं।

इसमें यह अन्तर्विरोध है कि इस वेद प्राप्त धर्मपुरुष को अन्य धर्मावलम्बियों का वेद स्वीकार्य नहीं है...

यहाँ दो बातें हैं। इक़बाल ने अपने शोधग्रन्थ में यह लिखा था कि आधुनिकता की शुरुआत मोहम्मद साहब से होती है। उनसे पहले भी कई महापुरुष हुए हैं, पर वे उन सबसे इतना ऊपर उठे कि अतीत से सम्बन्ध टूट गया। आधुनिकता में यदि आपको यह दरार देखनी है, तो रेनेसाँ से बेहतर तो यह इस्लाम में दिखायी देती है। इसलिए इक़बाल का कहना था कि

आधुनिकता इस्लाम से शुरू हुई और रेनेसाँ में उसकी दुर्व्याख्या हुई। यह दुर्व्याख्या क्या है? उन्होंने कहा कि इस्लाम में पैगम्बर के कर्मों का अनुसरण है जबकि ईसाई धर्म में विचारों में अनुसरण है, इसलिए ये गिरे हुए लोग हैं। बंगाल प्रेसीडेंसी का एक क़िस्सा है कि गर्म दल का एक सदस्य बम लेकर छुपा हुआ था और कुछ दूर से वायसराय की बग्घी चली आ रही थी, इसके पीछे यह विचार था कि यह वायसराय शैतान है और इसे मारना है। जब बग्घी पास आयी, उसमें से वायसराय के साथ बच्चों के खेलने की आवाज़ आयी। बमधारी के मन में यह दुविधा हुई कि बच्चे तो शैतान नहीं हैं, इन पर बम फेंकूँ या न फेंकूँ। इतने में वह बग्घी उसके सामने से निकल गयी। वह इसी द्वन्द्व में फँसा रह गया कि जो हुआ वह ठीक हुआ या नहीं? वह बंगाली व्यक्ति था। उसके स्थान पर अगर अँग्रेज़ आतंकी होता तो वह बच्चों की आवाज़ सुनने के बाद भी यह सोचकर कि मेरा धर्म मारना है, बम फेंक देता और फिर सारा जीवन इस पर पश्चाताप करता रहता कि मैंने ठीक किया या नहीं? कर्मों पर चलनेवाले और विचारों पर चलनेवाले लोगों के बीच यही फ़र्क़ है। यही द्वन्द्व आपको अशोक और अर्जुन में भी मिलेगा। अर्जुन कहता है कि अपने गुरुओं और बन्धु-बान्धवों को मारना अशिष्ट है। कृष्ण इसका जवाब देते हैं कि अशिष्ट और न्याय सम्मत में अन्तर है। तुम्हें धर्म निभाना है। वही शिष्ट है जो धर्म की ओर झुका हुआ है। उधर अशोक ने कलिंग में तबाही मचा दी, उसके बाद यह सोचा कि ओ हो! यह मैंने ठीक किया या नहीं? हमारे यहाँ यह एक विच्छेद है। बौद्धों के साथ हमारे यहाँ प्रबोध आ गया। दुनियाभर के दुःख-दर्दों पर विजय पा ली, पर बाद में आपने नये मूल्यों को उत्पन्न किया। पर अशोक ने केवल विमर्श नहीं किया, उसने कुछ कर्मों को सूत्रबद्ध किया। जैसे बड़ों का आदर करो या अतिथियों का सम्मान करो। उसने यह सब कर्म किये। दूसरा विच्छेद यह आया कि यह प्रश्न उठा कि प्रबोध राज-काज के भीतर की वस्तु है या उसके बाहर की। अशोक ने कहा, राज-काज के बाहर की। राज-काज केवल शिष्टता को बनाये रखने के लिए है। और जितने भी अन्वेषणात्मक कार्य हैं, वे उसके बाहर की चीज़ें हैं। इन सबके विषय में लोग स्वतः निर्णय लेंगे। राजसत्ता को शिक्षा आदि देने के विषय में निर्णय लेने का अधिकार नहीं है। निर्णय बड़े-बूढ़े लोग करेंगे या यह काम वे लोग करेंगे जिन पर बच्चों के अभिभावकों का भरोसा है, जिसमें शिक्षक आदि आ जाते हैं। सिखाने के

लिए जो विधान आवश्यक हैं, उन्हें करने का दायित्व राजसत्ता का है, उससे अधिक कुछ नहीं। पश्चिमी सभ्यता में कार्य कर लिया जाता है, बाद में यह विचार होता रहता है कि यह ठीक हुआ या नहीं? इसलिए पश्चिम में विमर्श बहुत अधिक है। इस विमर्श में गाथाएँ कैसे आयेंगी, इसमें अगर इतिहास समा जाय, सब ठीक हो सकेगा। इतिहास नहीं आ पाता यानी देवता नहीं आ पाते। कल्हण ने इतिहास को भूतार्थ कथन कहा है...

भूत के अर्थ का कथन यानी व्यतीत के अर्थ का कथन...

पश्चिम के लोग बीत चुके के अर्थ पर ठहरने के स्थान पर अपने से यह प्रश्न पूछते रहते हैं, 'मैं कौन हूँ, मैं क्यों हूँ, मैं कहाँ हूँ?' आदि...

क्या इस कारण पश्चिमी सभ्यता में गाथा सम्भव नहीं हो पाती, वे विलाप करते रहते हैं?

वहाँ विलाप है, शोक है, अर्थवाद बहुत है। वहाँ बातें बहुत हैं। इण्टरनेट पर भी जब आप जाते हैं, हर बात के भीतर की जाने कितनी बातें निकलती जाती हैं और जिस बात को आप ढूँढने गये थे, उसके अलावा आपको बहुत-सी बातें मिल जाती हैं। इसलिए छात्रों में बहुत थकान है।

आप कह रहे हैं कि पश्चिम का मनुष्य यह प्रश्न पूछता है कि 'मैं कौन हूँ, मैं कहाँ हूँ?' इसके बरक्स भारत में कौन-से प्रश्न केन्द्रीय हैं?

भारत में भी यही प्रश्न हैं, पर वह इस प्रश्न को यमराज से पूछेगा। वह इस रास्ते इतिहास में आ जायेगा। यूरोप के आदमी के पास पैगम्बर से पहले की स्मृति नहीं है। इसलिए वह सभ्यता स्मृतिमूलक नहीं है और स्मृति के न होने से यह प्रश्न किससे पूछेंगे अपने आप से पूछते रहेंगे? अपने आप ही जवाब देते रहेंगे या आप कहेंगे कि मेरे विश्वविद्यालय के शिक्षक ने यह कहा। फिर यह कहेंगे, इस विश्वविद्यालय में यह कहा गया, उस विश्वविद्यालय में वह कहा गया। दस-पाँच लोग आपस में संवाद करते

रहेंगे और यह अपेक्षा करेंगे इससे कुछ नया निकल रहा है। मानवशास्त्र में यह प्रक्रिया विफल हो गयी है, पर विज्ञान में इससे लाभ है क्योंकि वह हठधर्मी है, इससे विज्ञान में समकक्ष वैज्ञानिकों की संरचना (पियर स्ट्रक्चर) तैयार होता है और इसका विज्ञान के विकास में स्थान होता है। ऐसा ही कुछ अर्थशास्त्र में भी होता है, पर मानविकी के लिए यह प्रक्रिया निष्फल है। इसलिए विश्वविद्यालयीन व्यवस्था विज्ञान और तकनीकि के क्षेत्र में कारगर है, पर अन्यत्र नहीं। उदाहरण के लिए साहित्य में पियर स्ट्रक्चर का कोई स्थान नहीं है।

कलियुग में पैगम्बरवाद आया और उसका जब इस यूनानी विचार से संयोग हुआ कि राजा नगर के अन्दर होना चाहिए, आधुनिकता का जन्म हुआ।

इसे कुछ विस्तार से कहिये...

यूरोपीय रेनेसाँ में वाईज़ एज (सयाना युग) का विचार रहा है, इसके तहत यह मान्यता रही कि एक समय ऐसा था, जब सब लोग अस्तित्व के रहस्य को जानते थे। बीच के काल में सब कुछ गड़बड़ा गया, उस गड़बड़ी के कलंक को हटाने की आवश्यकता है। इस स्थिति में वहाँ दो प्रमुख चरित्र हुए : भारत और यूनान। इनके विषय में यह कहा गया कि इन जगहों पर विवेक का वास था। इसी कारण यूनान पर दोबारा दृष्टिपात किया गया। इसीलिए कुछ लोग भारत प्रेमी हुए और कुछ यूनान प्रेमी हुए। बहुत पहले ही सन्त ऑगस्टीन ऑफ़ गोथियस जैसे विचारकों ने कहा कि प्लेटो के जो न्याय आदि से जुड़े विचार हैं, ईश्वर के विचारों जैसे हैं। ये ईश्वर के होने का साक्ष्य हैं। इसी तरह ईश्वर सक्रिय होता है। जगत डॉक्सा (दुःख) है। एक दुनिया पदार्थों की है, एक इन्द्रियों की और विचारों की। एक तीसरी ही दुनिया है, यह दुनिया देवताओं (थिओस) की दुनिया है। सन्त ऑगस्टीन से ही पैगम्बरवाद और यूनान का संयोग शुरू हो गया। लेकिन यह अधिकतर धर्मशास्त्र के क्षेत्र में ही रहा। मैंने आपसे पहले कहा ही था कि युसेबिया पर, शिष्टता पर जो बहस थी उसने ईसाइयत को बहुत तंग किया था। इसीलिए सन्त ऑगस्टीन ने कहा था कि जिसे भी ईश्वर की कृपा प्राप्त है, वह शिष्ट है। पर इस पर यह प्रश्न उठा कि शिष्टता कृपा

के पहले है या कृपा के बाद ? इस पर व्यापक भ्रम की स्थिति बनी रही। यह आज तक चल रही है। अगर आज आप इण्टरनेट पर युसेबिया के बारे में ढूँढें, आपको यह बहस मिल जायेगी। प्रश्न यह है कि ईश्वर तो सर्वशक्तिमान और सार्वभौमिक है, पर नैतिकता ईश्वर से पहले है या इसके बाद। यह बहस आज तक अनसुलझी है। उन धर्मों के बीच किताबों को लेकर बहस होती है : कुरान को लेकर चलें या बाईबल को। पर हम लोग व्याकरण वाले लोग हैं। रेशनेलिटी अलग चीज़ है, व्याकरण अलग। वहाँ व्याख्यात्मक रेशनेलिटी है, जिसका अर्थ यह है कि किसी भी घटना की तरह-तरह से व्याख्या की जाती है। पर एक समय था जब व्याकरण वाले लोग सारी दुनिया में यह सन्देश लेकर फैल गये थे कि व्याकरण ही मूल रेशनेलिटी है, कि सृष्टि की समझ व्याकरण से ही अधिक होती है।